MW00579913

Learn Norwegian Bokmål with Short Stories: Dukkehjem

HypLern Interlinear Project
www.hyplern.com

First edition: 2020, April

Author: Henrik Ibsen
Translation: Kees van den End
Foreword: Camilo Andrés Bonilla Carvajal PhD

Frigitt under GFDL (GNU Free Documentation Licence) Stykket ble satt opp o
spilt av elever i Tilvalgsfag Drama ved Ottestad ungdomsskole, skoleåret
2006/2007. source: https://no.wikibooks.org/wiki/
Et_dukkehjem_(forkortet_og_modernisert_versjon)

ISBN: 978-1-989643-21-1

kees@hyplern.com
www.hyplern.com

Learn Norwegian Bokmål with Short Stories: Dukkehjem

Interlinear Norwegian Bokmål to English

Author
Henrik Ibsen

Translation
Kees van den End

HypLern Interlinear Project
www.hyplern.com

The HypLern Method

Learning a foreign language should not mean leafing through page after page in a bilingual dictionary until one's fingertips begin to hurt. Quite the contrary, through everyday language use, friendly reading, and direct exposure to the language we can get well on our way towards mastery of the vocabulary and grammar needed to read native texts. In this manner, learners can be successful in the foreign language without too much study of grammar paradigms or rules. Indeed, Seneca expresses in his sixth epistle that "Longum iter est per praecepta, breve et efficax per exempla[1]."

The HypLern series constitutes an effort to provide a highly effective tool for experiential foreign language learning. Those who are genuinely interested in utilizing original literary works to learn a foreign language do not have to use conventional graded texts or adapted versions for novice readers. The former only distort the actual essence of literary works, while the latter are highly reduced in vocabulary and relevant content. This collection aims to bring the lively experience of reading stories as directly told by their very authors to foreign language learners.

Most excited adult language learners will at some point seek their teachers' guidance on the process of learning to read in the foreign language rather than seeking out external opinions. However, both teachers and learners lack a general reading technique or strategy. Oftentimes, students undertake the reading task equipped with nothing more than a bilingual dictionary, a grammar book, and lots of courage. These efforts often end in frustration as the student builds mis-constructed nonsensical sentences after many hours spent on an aimless translation drill.

Consequently, we have decided to develop this series of interlinear translations intended to afford a comprehensive edition of unabridged texts. These texts are presented as they were originally written with no changes in word choice or order. As a result, we have a translated piece conveying the true meaning under every word from the original work. Our readers receive then two books in just one volume: the original version and its translation.

The reading task is no longer a laborious exercise of patiently decoding unclear and seemingly complex paragraphs. What's more, reading becomes an enjoyable and meaningful process of cultural, philosophical and linguistic learning. Independent learners can then acquire expressions and vocabulary while understanding pragmatic and socio-cultural dimensions of the target language by reading in it rather than reading about it.

Our proposal, however, does not claim to be a novelty. Interlinear translation is as old as the Spanish tongue, e.g. "glosses of [Saint] Emilianus", interlinear bibles in Old German, and of course James Hamilton's work in the 1800s. About the latter, we remind the readers, that as a revolutionary freethinker he promoted the publication of Greco-Roman classic works and further pieces in diverse languages. His effort, such as ours, sought to lighten the exhausting task of looking words up in large glossaries as an educational practice: "if there is any thing which fills reflecting men with melancholy and regret, it is the waste of mortal time, parental money, and puerile happiness, in the present method of pursuing Latin and Greek[2]".

Additionally, another influential figure in the same line of thought as Hamilton was John Locke. Locke was also the philosopher and translator of the Fabulae AEsopi in an interlinear plan. In 1600, he was already suggesting that interlinear texts, everyday communication, and use of the target language could be the most appropriate ways to achieve language learning:

> ...the true and genuine Way, and that which I would propose, not only as the easiest and best, wherein a Child might, without pains or Chiding, get a Language which others are wont to be whipt for at School six or seven Years together...[3]

---

1 "The journey is long through precepts, but brief and effective through examples". Seneca, Lucius Annaeus. (1961) Ad Lucilium Epistulae Morales, vol. I. London: W. Heinemann.

2 In: Hamilton, James (1829?) History, principles, practice and results of the Hamiltonian system, with answers to the Edinburgh and Westminster reviews; A lecture delivered at Liverpool; and instructions for the use of the books published on the system. Londres: W. Aylott and Co., 8, Pater Noster Row. p. 29.

3 In: Locke, John. (1693) Some thoughts concerning education. Londres: A. and J. Churchill. pp. 196-7.

Who can benefit from this edition?

We identify three kinds of readers, namely, those who take this work as a search tool, those who want to learn a language by reading authentic materials, and those attempting to read writers in their original language. The HypLern collection constitutes a very effective instrument for all of them.

1. For the first target audience, this edition represents a search tool to connect their mother tongue with that of the writer's. Therefore, they have the opportunity to read over an original literary work in an enriching and certain manner.
2. For the second group, reading every word or idiomatic expression in its actual context of use will yield a strong association between the form, the collocation, and the context. This will have a direct impact on long term learning of passive vocabulary, gradually building genuine reading ability in the original language. This book is an ideal companion not only to independent learners but also to those who take lessons with a teacher. At the same time, the continuous feeling of achievement produced during the process of reading original authors both stimulates and empowers the learner to study[1].
3. Finally, the third kind of reader will notice the same benefits as the previous ones. The proximity of a word and its translation in our interlinear texts is a step further from other collections, such as the Loeb Classical Library. Although their works might be considered the most famous in this genre, the presentation of texts on opposite pages hinders the immediate link between words and their semantic equivalence in our native tongue (or one we have a strong mastery of).

---

1 Some further ways of using the present work include:

1. As you progress through the stories, focus less on the lower line (the English translation). Instead, try to read through the upper line, staying in the foreign language as long as possible.
2. Even if you find glosses or explanatory footnotes about the mechanics of the language, you should make your own hypotheses on word formation and syntactical functions in a sentence. Feel confident about inferring your own language rules and test them progressively. You can also take notes concerning those idiomatic expressions or special language usage that calls your attention for later study.
3. As soon as you finish each text, check the reading in the original version (with no interlinear or parallel translation). This will fulfil the main goal of this collection: bridging the gap between readers and original literary works, training them to read directly and independently.

Why interlinear?

Conventionally speaking, tiresome reading in tricky and exhausting circumstances has been the common definition of learning by texts. This collection offers a friendly reading format where the language is not a stumbling block anymore. Contrastively, our collection presents a language as a vehicle through which readers can attain and understand their authors' written ideas.

While learning to read, most people are urged to use the dictionary and distinguish words from multiple entries. We help readers skip this step by providing the proper translation based on the surrounding context. In so doing, readers have the chance to invest energy and time in understanding the text and learning vocabulary; they read quickly and easily like a skilled horseman cantering through a book.

Thereby we stress the fact that our proposal is not new at all. Others have tried the same before, coming up with evident and substantial outcomes. Certainly, we are not pioneers in designing interlinear texts. Nonetheless, we are nowadays the only, and doubtless, the best, in providing you with interlinear foreign language texts.

Handling instructions

Using this book is very easy. Each text should be read at least three times in order to explore the whole potential of the method. The first phase is devoted to comparing words in the foreign language to those in the mother tongue. This is to say, the upper line is contrasted to the lower line as the following example shows:

NORA:	Ja	men,	Torvald,	i	år	må	vi	da	virkelig	slå
Nora	Yes	but	Torvald	in this	year	may	we	then	really	strike let

oss	litt	løs.	Det	er	jo	den	første	julen	vi	ikke
us ourselves	(a) little	loose	That	is	yes indeed	the	first	Christmas	we	not

er	nødt	til	å	spare.	Nå	får	du	jo	så	høy	lønn
is have	need	for	to	save	Now	may get	you	yes indeed	such	(a) high	payment

og	kommer	til	å	tjene	mange,	mange	penger.
and	come	for	to	earn	many	many	moneys
					much	much	money

The second phase of reading focuses on capturing the meaning and sense of the original text. As readers gain practice with the method, they should be able to focus on the target language without getting distracted by the translation. New users of the method, however, may find it helpful to cover the translated lines with a piece of paper as illustrated in the image below. Subsequently, they try to understand the meaning of every word, phrase, and entire sentences in the target language itself, drawing on the translation only when necessary. In this phase, the reader should resist the temptation to look at the translation for every word. In doing so, they will find that they are able to understand a good portion of the text by reading directly in the target language, without the crutch of the translation. This is the skill we are looking to train: the ability to read and understand native materials and enjoy them as native speakers do, that being, directly in the original language.

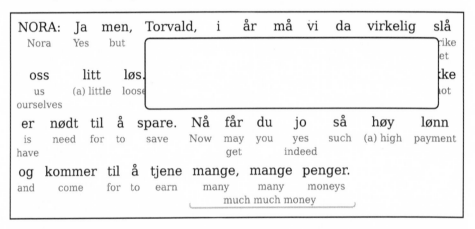

In the final phase, readers will be able to understand the meaning of the text when reading it without additional help. There may be some less common words and phrases which have not cemented themselves yet in the reader's brain, but the majority of the story should not pose any problems. If desired, the reader can use an SRS or some other memorization method to learning these straggling words.

NORA: Ja men, Torvald, i år må vi da virkelig slå oss litt løs. Det er jo den første julen vi ikke er nødt til å spare. Nå får du jo så høy lønn og kommer til å tjene mange, mange penger.

Above all, readers will not have to look every word up in a dictionary to read a text in the foreign language. This otherwise wasted time will be spent concentrating on their principal interest. These new readers will tackle authentic texts while learning their vocabulary and expressions to use in further communicative (written or oral) situations. This book is just one work from an overall series with the same purpose. It really helps those who are afraid of having "poor vocabulary" to feel confident about reading directly in the language. To all of them and to all of you, welcome to the amazing experience of living a foreign language!

Additional tools and links

Find more interlinear books in this language or other languages on amazon.com!

Check out shop.hyplern.com or contact us at info@hyplern.com for free mp3s (if available) and free empty (untranslated) versions of the eBooks that we have on offer. If you bought the Kindle version of this book and it does not work on your reader, you can also ask us for a free pdf version that you can open on your Reader device.

For some of the older eBooks and paperbacks we have Windows, iOS and Android apps available that, next to the interlinear format, allow for a pop-up format, where hovering over a word or clicking on it gives you its meaning. The apps also have any mp3s, if available, and integrated vocabulary practice.

Visit the site hyplern.com for the same functionality online. This is where we will be working non-stop to make all our material available in multiple formats, including audio where available, and vocabulary practice.

And as a last request, please leave a review on amazon.com! It's the best support you can give us :)

Table of Contents

INTRODUKSJON
Introduction

Rollene (i den rekkefølgen de dukker opp i stykket):
Roles in the ~~the~~ order they duck up in the piece
appear the play

Fortelleren
The narrator

Nora Helmer (hovedpersonen)
Nora Helmer the protagonist

et bybud
a porter

Helene (stuepike hos familien Helmer)
Helene maid with the family Helmer

Torvald Helmer (bankdirektør, Noras ektemann)
Torvald Helmer bank director Noras husband

fru Linde (barndomsvenninne av Nora)
Mrs Linde childhood-friend (female) of Nora

doktor Rank (Torvalds ungdomsvenn)
doctor Rank Torvalds youth friend

Anne Marie (barnepasser, såkalt "barnepike" hos familien
Anne Marie baby sitter so-called nanny with family

Helmer)
Helmer

Nora og Torvalds tre barn:
Nora and Torvalds three children

Ivar (eldtst, en gutt i 8-9 årsalderen)
Ivar oldest a boy in 8 to 9 age

Bob
Bob

Emmy (yngst)
Emmy youngest

sakfører Krogstad (profesjonell utpresser)
solicitor Krogstad professional blackmailer

—-

FORTELLEREN:
The narrator

Vi skal nå vise Henrik Ibsens skuespill «Et dukkehjem»
We shall now show Henrik Lincoln's view-play A doll's house
play

fra 1879. Dere skal få se en forkortet og språklig
from 1879. You shall get to see an abbreviated and linguistic

modernisert utgave. Stykket er i 3 akter, og sceneteppet
modernized issue The piece is in 3 acts, and the curtain
edition The play

vil gå igjen og opp mellom hver akt. (Sceneteppet går
will go again and up between each act. (The curtain goes

opp.) Dette er stuen til familien Helmer. En hyggelig
up That is the living room to the family Helmer. A cosy
of

2

og smakfullt men ikke kostbart innrettet stue. Det er
and tastefully but not costly furnished living room It is

vinter, og de har fyrt i ovnen. Her er døren til
winter and they have fired in the oven Here is the door to
burned a fire the stove

entreen. Der er brevkassen (eller postkassen som vi ville
the hall There is the letter box or the mailbox as we will

si i dag). Det er lås på, og det er bare Torvald
see in day That is (a) lock on and that is only Torvald
to- There it

som har nøkkelen. Her er døren inn til Torvalds
who has the key Here is the door inside to Torvalds

arbeidsværelse. Han har hjemmekontor, og det også en
workroom He has (a) home office and that also an
there is

egen inngang til kontoret fra entreen. Døren til
own entrance to the office from the hall The door to

spisesalen inn der til høyre. På motsatt side:
the dining room inside there to (the) right On (the) opposite side

døren til barneværelset.
the door to the nursery

La oss så presentere personene i stykket:
Let us so present the people in the piece
then the play

Advokat Torvald Helmer. En skikkelig og alvorlig mann.
Lawyer Torvald Helmer A proper and serious man

Arbeidsnarkoman. Han er akkurat blitt tilsatt som
Workaholic He is precisely become added as
has just

direktør i Aksjebanken. Gift med Nora.
director in the Share bank Married with Nora

Nora Helmer. Torvalds kone. Hovedpersonen i stykket.
Nora Helmer Torvalds wife The protagonist in the piece / the play

Glad i godterier. Elsker å ha det gøy og shoppe.
Happy in/with confectioneries / candy Loves to have it fun and shop

Nora og Torvalds tre barn: Ivar (eldst), Bob og lille
Nora and Torvalds three children Ivar oldest Bob and little

Emmy.
Emmy

Barnepiken, Anne-Marie. Hun er godt opp i årene.
The nanny Anne-Marie She is good up in the years
quite aged

Likevel har hun tittelen «barnepike». Slik var det på
Nonetheless has she the title nanny Such was that on / in

1800-tallet: Noen rike overklassefolk med fine titler (sånn
the 1800s Some rich over class people / upper class people with fine titles like that

atten hundre-tallet

som Torvald), og noen fattige underklassefolk med ikke
as Torvald and some poor underclass people / lower class people with not

fullt så fine titler. Anne-Marie tilhører underklassen; hun
totally at all such fine titles Anne-Marie belongs to the lower class she

kommer fra fattige kår. Som ung ble hun
comes from poor plight / misery As young (person) became she

gravid utenfor ekteskap. Barnefaren stakk av. Anne-Marie
pregnant out before / outside of marriage The child's father stuck off / went Anne-Marie

valgte å sette bort barnet sitt til noen andre , da
chose to set / send away the child (of) his to some other , when

hun fikk tilbud om å bli amme for Nora da Nora
she got (an) offer for to become breastfeed / a nurse for Nora when Nora

4

var baby. - eller hun følte vel selv at hun ikke hadde
was (a) baby - or she felt well self that she not had

noe valg. - Nora har aldri hatt noen mor. Det går ikke
any choice - Nora has never had any mother That goes not
It

fram av stykket hva som skjedde med moren til Nora.
forth from the piece what that happened with the mother to Nora
the play of

Men det var ikke helt uvanlig at mødre på den tiden
But that was not wholly unusual that mothers on that the time

døde i forbindelse med fødsel eller som følge av
died in connection with birth or as consequence of

komplikasjoner etter fødsel. I overklassen var det vanlig å
complications after birth In the upper class was that usual to
it normal

ansette «ammer», altså kvinner som har født barn og
employ breastfeeders also women who have born children and
nurses

som derfor har melk i brystene, til å amme
who therefore have milk in the breasts for to breastfeed

overklassens barn. Dette var før Nestlé's
the upper class' children That was before Nestlé's

morsmelkserstatning. Og det var altså slik Anne-Marie kom
infant formula And that was also such Anne-Marie came
thus

inn i Noras liv. Da Nora selv ble mor, fikk
inside in Nora's life When Nora herself became mother got
into

Anne-Marie jobben som barnepike.
Anne-Marie the job as nanny

Bybudet. Ikke noen viktig person i stykket. Men han
Porter   Not any important person in the piece But he
                                      the play

bærer et juletre for Nora i begynnelsen av første
carries a christmas tree for Nora in the beginning of (he) first

akt.
act

Fru Linde, en barndomsvenninne av Nora. Hun er fra et
Mrs Linde, a childhood friend   of Nora. She is from an

annet sted, men er nettopp kommet til byen for å søke
other place but is right-up come to the city for to seek
                      just

arbeid. Fru Linde og Nora har ikke sett hverandre på 10
work   Mrs Linde and Nora have not seen each other on 10
                                                   in

år, siden før de ble gift. Fru Linde har vært
years since before they became married Mrs Linde has been

gift med en mann som hun ikke elsket, fordi hun
married with a man who she not loved, because she

trengte noen til å forsørge seg så hun kunne ta
needed someone for to support herself so she could take

seg av sin gamle syke mor og sine to yngre
herself of her old sick mother and (of) her two younger
care

brødre. Nå er hennes mor død. Lillebrødrene hennes
brothers Now is her mother dead. The little brothers of her

er blitt voksne og klarer seg selv, og hun er blitt
are become grown up and clear one self and she is become
have   manage themselves

6

enke og har ingenting å leve av, og ingen å leve for.
widow and has nothing to live of and none to live for

Hun føler seg sliten, gammel og tom.
She feels herself tired old and empty

Sakfører Krogstad. Skurken i stykket. Er kjent som
Solicitor Krogstad The crook in the piece Is known as
the play

profesjonell utpresser. Har levd av å grave fram negativ
professional blackmailer Has lived of to dig forth negative

informasjon om andre folk, og tjene penger og oppnå
information about other people and earns money and opens

fordeler ved å true med å offentliggjøre slike
benefits by to threaten with to make public such

opplysninger. Sladder og snusk var god business den
information Gossip and sordidness was good business that

gangen, som det er i dag. Krogstad har i det siste
~~the~~ time as it is in day Krogstad has in that last
to-

klart å få seg en hederlig jobb, i Aksjebanken, hvor
cleared to get himself an honorable job in the Share bank where
managed

Torvald Helmer nå skal bli sjef. Krogstad og fru Linde
Torvald Helmer now shall become boss Krogstad and mrs Linde

har en gang i ungdommen hatt et kjærlighetsforhold.
have one time in the youth had a love-relation
love affair

Men det tok slutt.
But that took end

7

Doktor Rank. Torvalds ungdomsvenn, og Noras gode venn
Doctor Rank Torvalds youth friend and Nora's good friend

også. Kommer på besøk til Nora og Torvald hver dag.
also Comes on visit to Nora and Torvald each day
to

Lider av alvorlig tuberkulose. Tuberkulose var en utbredt
Suffers of serious tuberculosis Tuberculosis was a widespread

sykdom på 1800-tallet, og en vanlig dødsårsak. Dette var
disease on (the) 1800s and a usual cause of death That was
in

før antibiotikaens tid, og det fantes ingen kur for
before the antibiotic's time and it existed none cure for
there no

sykdommen, i hvert fall ikke for så syke folk som
the disease in each case not for so ill people as
any

doktor Rank. Men Rank driver og foretar
doctor Rank But Rank drives and executes
performs

legeundersøkelser på seg selv i all ensomhet. På
medical examinations on himself self in all solitude On
Through

den måten får han vite hvor dårlig det står til med
that the way may he know how bad that stands to with
it is

ham, og hvor lang tid han har igjen å leve. Det er
him and how long time he has again to live That is
still

ikke veldig lenge.
not very long

Helene. Stuepiken. Det er hun som gjør alt husarbeidet,
Helene The housemaid That is she who does all housework

lager mat, ordner til. Rydder. Vasker. Gjør nødvendige
lays food arranges to Cleans Washes Does necessary
serves cleans up

8

ærender.   Åpner   døren   og   tar   imot   besøkende   som
errands   Opens   the door and   takes   against   visitors   who
                                                   receives

ringer   på,   selv   om   det   skulle   være   midt   på   natten
ring   on   even   if   that   should   be   (in the) middle on   night
                                                                        of the

(som   om   hun   ikke   har   lang   nok   arbeidsdag   fra   før).
as   if   she   not   has   (a) long   enough   workday   from   before
                                                                                the start

Helene   tilhører   også   underklassen   (utvilsomt).
Helene   belongs   also   (to the) lower class   undoubtedly

Det   er   julaften.   Torvald   sitter   inne   på   kontoret   og
That   is   Christmas eve   Torvald   sits   inside   on   the office   and
It   in

jobber.   Barna   er   ute   med   barnepiken   og   kjører   kjelke
works   The children   are   out   with   the nanny   and   ride   toboggan

og   leker   i   snøen.   Stuepiken   Helene   har   sikkert   sin   fulle
and   play   in   the snow   The housemaid   Helene   has   sure   her   full

hyre   med   å   stelle   i   stand   til   jul.   Og   Nora   ...   hun
employ   with   to   stand   in   stand   for   Christmas   And   Nora   ...   she
work   set   order

er   ute   på   shopping.
is   out   on   shopping

9

FØRSTE AKT
First Act

(Det ringes ute i entréen; litt etter hører man at
It rings out in the hall (a) little after hears one that

der blir lukket opp. Nora kommer fornøyet nynnende
there becomes locked up Nora comes amused humming
is opened

inn i stuen; hun er kledd i yttertøy og bærer en
inside in the living room she is dressed in outerwear and carries a
a coat

hel del pakker, som hun legger fra seg på bordet
whole share packages which she lays from herself on the table
heap of puts away

til høyre. Hun lar døren til entréen stå åpen etter
to (the) right She lets the door to the hall stand open after

seg, og man ser der ute et bybud, der bærer en
herself and one sees there out a porter who carries a

julegran og en kurv, hvilket han gir til stuepiken,
Christmas tree and a basket which he gives to the housemaid

som har lukket opp for dem.)
who has locked up for them
opened

NORA: Gjem juletreet godt, Helene. barna må for
Nora Hide the Christmas tree well Helene The children may for

all del ikke få se det før i kveld, når det er
all part not get to see that before in evening when it is
this

pyntet. (til budet; tar portemonéen frem.) Hvor mye -?
decorated to the porter takes the wallet forth How much -?

SHPETIM: 50 kroner.
Shpetim 50 crowns
nok

10

NORA: Der er en 100-lapp. Nei, behold resten.
Nora · There/Here · is · a · 100 bill · No · keep · the rest

(Budet takker og går. Nora lukker døren. Hun fortsetter
The porter · thanks · and · goes · Nora · closes · the door · She · continues

å le stille muntert mens hun tar yttertøyet av.)
to · laugh · quietly · cheerfully · while · she · takes · (her) outerwear / her coat · off

NORA (tar en pose med sukkertøy opp av lommen og
Nora · takes · a · bag · with · candy · up · from · the pocket · and

spiser et par; så går hun forsiktig bort og lytter ved
eats · a · couple · so · goes · she · carefully · away · and · listens · at

sin manns dør): Jo, han er hjemme. (nynner igjen, idet
her · man's · door · Yes · he · is · home · humming · again · wherein

hun går bort til bordet til høyre.)
she · goes · away · to · the table · to · (the) right

TORVALD (inne i sitt værelse): Er det sangfuglen som
Torvald · inside · in · his · room · Is · that · the songbird · who

kvitrer der ute?
twitters · there · out

NORA (i ferd med å åpne noen av pakkene): Ja, det er
Nora · in journey / busy · with · to · open · some · of · the packets · Yes · that · is

det.
it

TORVALD: Er det kosepusen som romsterer der?
Torvald · Is · that · the cuddle kitty · who · rummages · there

11

NORA: Ja!
Nora Yes

TORVALD: Når kom kosepusen hjem?
Torvald When came the cuddle kitty home

NORA: Nå nettopp. (putter sukkertøyet i lommen og
Nora Now right-up puts candy in the pocket and
Just now

visker seg om munnen): Kom ut hit, Torvald, så skal
wipes herself around the mouth Come out here Torvald so shall
then

du få se hva jeg har shoppa.
you get to see what I have shopped

TORVALD: Ikke forstyrr! (litt etter; åpner døren og ser
Torvald Not disturb (a) little after opens the door and sees
Don't

inn, med pennen i hånden.) Sa du: «shoppa»? Alt det
inside with pen in the hand Said you shop All that
Did you say

der? Har du vært ute og sløst bort penger, nå igjen?
there Have you been out and wasted away money now again

NORA: Ja men, Torvald, i år må vi da virkelig slå
Nora Yes but Torvald in year may we then really strike
this let

oss litt løs. Det er jo den første julen vi
us (a) little loose That is yes the first Christmas we
ourselves indeed

ikke er nødt til å spare. Nå får du jo så høy
not is need for to save Now may you yes such (a) high
have get indeed

lønn og kommer til å tjene mange, mange penger.
payment and come for to earn many many moneys
much much money

12

TORVALD: Ja, fra nyttår av; Nora! Nå har vi to
Torvald — Yes — from — new year — off — Nora — Now — have — we — two
(starting in the new year)

holdt tappert ut helt til i dag; og det skal vi også
held — bravely — out — wholly — until — in — day — and — that — shall — we — also
(to-)

gjøre den korte tiden det ennå trengs.
do — the — short — the time — that — still — is required

NORA (går bort imot ovnen): Ja, ja, som du vil,
Nora — goes — away — towards — the oven / the stove — Yes — yes — as — you — want

Torvald.
Torvald

TORVALD (følger etter): Så, så; lille sangfugl! Ikke heng
Torvald — follows — after — So — so — little — songbird — Not / Don't — hang

sånn med vingene. Hva? Er pusen sur? (tar
like that — with — the wings — What? — Is — the kitty — sour — takes

portemonéen opp.) Nora; hva tror du jeg har her?
the wallet — up — Nora — what — believe — you — I — have — here

NORA (vender seg raskt): Penger!
Nora — turns — herself — fast — Money

TORVALD: Se der. (rekker henne noen sedler.) Herregud,
Torvald — See — there, — reaches — her — some — bills — Lord-god

jeg vet jo nok at det går en hel del til et
I — know — yes well — enough — that — that — goes — a — whole — share / while — for — a

hus i juletiden.
house / household — in — the Christmas time

NORA (teller): 1000 - 2000 - 3000 – 4000. Å takk, takk,
Nora   counts   1000 - 2000 - 3000 – 4000.   Ah   thanks   thanks

Torvald; Nå greier jeg meg en god stund.
Torvald   Now   manage   I   myself   a   good   while

TORVALD: Ja, det må du sannelig gjøre. Men! Du ser så
Torvald   Yes   that   may   you   indeed   do   But   You   see   so
                              You look

- så - hva skal jeg kalle det? - så hemmelighetsfull ~~ut~~
- so - what   shall   I   call   that   - so   secretive   out

NORA: Gjør jeg?
Nora   Do   I

TORVALD: Ja visst gjør du det. Se på meg. Slikkmunnen
Torvald   Yes   surely   do   you   that   See   on   me   The-lick-mouth
                                    Sweet tooth

skulle vel aldri ha vært spist godteri i byen i dag?
should   well   never   have   been   eaten   candy   in   the city   in   day
                          eating   to-

NORA: Nei, hvordan kan det falle deg inn.
Nora   No   how   can   that   fall   you   in
                         occur to you

TORVALD: Ikke en gang gomlet i seg et sukkertøy
Torvald   Not   one   time   snacked   in   yourself   a   candy

eller to?
or   two

NORA: Nei, jeg lover. Torvald - æresord.
Nora   No   I   promise   Torvald   -   honor-word
                                  word of honor

TORVALD: Så, så; jeg bare spøkte med deg -
Torvald   So   so   I   only   joked   with   you   -

NORA (går til bordet til høyre): Det kunne ikke
Nora goes to the table to (the) right That could not

falle meg inn å gjøre deg imot.
fall me in to do you against
occur to me | go against your will |

TORVALD: Nei, jeg vet jo det; og du har jo gitt
Torvald No I know yes that and you have yes given
indeed indeed

meg ditt ord -. (kommer bort til henne.) Nora, du kan
me your word -. comes away to her Nora you can
forth

ikke tro hvordan jeg gleder meg til i kveld.
not believe how I pleasure myself for in evening
rejoice this

NORA: Jeg også. Og så gøy det kommer til å bli for
Nora I also And so fun it comes for to be for

barna, Torvald!
the children Torvald

TORVALD: Ah! Det er så herlig å tenke på at jeg er
Torvald Ah That is so lovely to think on that I is
have

blitt bankdirektør og at vi endelig får skikkelig god
become bank director and that we finally may properly good
get

råd. Ikke sant! Det er en stor nytelse å tenke på?
money Not true That is a large pleasure to think on

NORA: Å, det er vidunderlig!
Nora Ah that is wonderful

TORVALD: Det er godt at de trange tidene er forbi.
Torvald That is good that the tight ~~the~~ times are past
have passed

NORA: Ja, det er vidunderlig. Nå skal jeg si deg
Nora Yes that is wonderful Now shall I tell you

hvordan jeg hadde tenkt vi skulle innrette oss, Torvald.
how I had thought we should align us Torvald

Så snart julen er over - (det ringer i entréen.) Å, der
So soon christmas is over - it rings in the hall Ah there
As

ringer det. (rydder litt opp i stuen.) Det kommer
rings it cleans (a) little up in the living room That comes
There

visst noen. Det var da kjedelig.
surely some That was then boring

TORVALD: Hvis noen spør, så er jeg ikke hjemme,
Torvald When anyone asks so am I not home

husk det!
remember that

STUEPIKEN (i entrédøren): Det er en fremmed dame her
The housemaid in the entrance door That is a strange lady here
There

-
-

NORA: Ja, la henne komme inn.
Nora Yes let her come inside

STUEPIKEN (til Torvald): Og så kom doktor Rank
The housemaid to Torvald And so came doctor Rank

samtidig.
simultaneous

16

TORVALD: Gikk han rett inn til meg?

Torvald · Went · he · right · inside · to · me {my office}

STUEPIKEN: Ja, han gjorde det.

The housemaid · Yes · he · did · that

(Torvald går inn i sitt værelse. Stuepiken viser fru

Torvald · goes · inside · in · his · room · The housemaid · shows · Mrs

Linde, som er i reisetøy, inn i stuen og lukker

Linde · who · is · in · travelwear · inside · in · the living room · and · closes

etter henne.)

after · her

FRU LINDE (forsagt og litt nølende): God dag, Nora.

Mrs · Linde · timidly · and · (a) little · hesitantly · Good · day · Nora

NORA (usikker): God dag -

Nora · unsure · Good · day · -

FRU LINDE: Du kjenner meg nok ikke igjen.

Mrs · Linde · You · know · me · enough · not · again

You don't recognize me anymore

NORA: Nei; jeg vet ikke -; jo, visst, eh... vel, -

Nora · No · I · know · not · -; · yes · surely · eh · well · -

(ut brytende.) Hva! Kristine! Er det virkelig deg? Og jeg

out breaking exclaiming · What · Kristine · Is · that · really · you · And · I

som ikke kjente deg igjen! Det er jammen lenge siden

who · not · knew you recognized you · again · That · is · yes-but indeed · long · since

sist! De siste åtte årene har jeg vært så lykkelig, kan

last last time · The · last · eight · ~~the~~ years · have · I · been · so · happy · can

17

du tro. Og nå er du altså kommet her inn til byen
you believe And now is you also come here inside to the city
have

for å ha det moro i julen, selvfølgelig. Å, så bra! Ja,
for to have that fun in Christmas of course Ah so good Yes

gjett om vi skal ha det moro. Men ta av deg
guess if we shall have that fun But take off your

yttertøyet. Du fryser da vel ikke? (hjelper henne.) Sånn;
outerwear You freeze then well not helps her Like that

nå setter vi oss hyggelig her ved ovnen. Nei, i
now put we ourselves cosily here by the oven No in
the stove

lenestolen der! Her i gyngestolen vil jeg sitte. (griper
the armchair there Here in the rocking chair want I sit grabs

hennes hender.) Vet du hva for noe fantastisk som
her hands Know you what for something fantastic that

har hendt oss i disse dagene?
has happened us in these ~~the~~ days

FRU LINDE: Nei. Hva for noe?
Mrs Linde No What for something

NORA: Tenk, mannen min er blitt direktør i
Nora Think the man (of) mine is become director in
my husband

aksjebanken.
the Share bank

FRU LINDE: Mannen din? Å så flott -!
Mrs Linde The man yours To so great -!
Your husband

NORA: Ja, helt enormt! Han skal tiltre i banken
Nora Yes wholly enormously He shall accede in the bank

allerede til nyttår, og da får han høy lønn og
already to new year and then gets he (a) high payment and

mange prosenter. Heretter kan vi leve helt annerledes
many ratios From now on can we live wholly different

enn før, - akkurat som vi vil. Å, Kristine, jeg føler
than before - precisely as we want Ah Kristine I feel
just

meg så lett og lykkelig! Ja, for det er herlig å ha så
myself so light and happy Yes for it is lovely to have so

mange penger og ikke være nødt til å bekymre seg.
much money and not to be need for to worry oneself
to have

Ikke sant?
Not true

FRU LINDE: Jeg dro hit til byen for å se om jeg
Mrs Linde I pulled here to the city for to see if I
came

kunne få en fast jobb, noe kontorarbeid. ...
could get a fixed/ job some office work ...

NORA: Kanskje Torvald kunne gjøre noe for deg.
Nora Maybe Torvald could do something for you

FRU LINDE: Ja..
Mrs Linde Yes

NORA: Det skal han også, Kristine. Bare overlat det til
Nora That shall he also Kristine Only over-let that to
leave

meg; så skal jeg fikse den saken.
me so shall I fix that ~~the~~ case

FRU LINDE: Det var snilt av deg, Nora, - dobbelt snilt,
Mrs Linde That was nice of you Nora - doubly nice

du som selv kjenner så lite til hvor hardt og vanskelig
you who yourself know so little to how hard and difficult

livet kan være.
the life can be

NORA: Jeg -? Jeg kjenner så lite til -?
Nora I -? I know so little to -?

FRU LINDE (smilende): Å, Herregud, ... Du har da hatt
Mrs Linde smiling Oh Lord-god ... You have then had

det lett i livet!?
it light in the life

NORA (kaster på nakken og går henover gulvet): Det
Nora throws on the neck and goes to-over the floor That

skulle du ikke si så overlegent.
should you not tell so superior
say

FRU LINDE: Jasså?
Mrs Linde Yes-then

NORA: Du er akkurat som de andre. Dere tror alle
Nora *You* *are* *exactly* *as* *the* *others* *You* *believe* *all*

sammen at jeg ikke kan noe ordentlig -
together *that* *I* *not* *can (do)* *something* *proper* *-*

FRU LINDE: Eh mm. (prøver å bryte inn for roe ned
Mrs *Linde* *Eh* *mm* *try* *to* *break* *in* *for* *to calm* *down*

og blidgjøre Nora)
and *sweeten* *Nora*

NORA: - at jeg ikke har hatt det strevsomt her i
Nora *-* *that* *I* *not* *have* *had* *it* *laborious* *here* *in*

verden. Men nå skal du høre noe, Kristine: Jeg har
the world *But* *now* *shall* *you* *hear* *something* *Kristine* *I* *have*

reddet Torvalds liv.
saved *Torvald's* *life*

FRU LINDE: Reddet -? Hvordan reddet?
Mrs *Linde* *Saved* *-?* *How* *saved*

NORA: Du vet den reisen til syden, da vi bodde et
Nora *You* *know* *the* *the~~~~journey* *to* *the south* *when* *we* *lived* *a*

år i Italia. Torvald ville ikke ha overlevd hvis han ikke
year *in* *Italy* *Torvald* *would* *not* *have* *survived* *if* *he* *not*

hadde kommet ned dit. Han var så overarbeidet på
had *come* *down* *there* *He* *was* *so* *overworked* *on*

jobben, kan du tro, sånn at han ble dødelig syk.
the job *can* *you* *believe* *such a thing* *that* *he* *became* *deadly* *sick*

Legene erklærte at han måtte komme seg til syden.
The doctors *declared* *that* *he* *must* *come* *himself* *to* *the south*
go

21

Den turen kostet 240.000 kr. Torvald og alle andre tror
The tour cost 240.000 £ Torvald and all others believe

jeg arvet de pengene etter pappa. Men sannheten er at
I inherited the money after dad But the truth is that
from

pappa ikke ga oss et rødt øre. Det var jeg som skaffet
dad not gave us a red cent It was I who obtained

de pengene.
the ~~the~~ money

FRU LINDE: Hele den store summen!
Mrs Linde Whole the large ~~the~~ sum

NORA: 240.000 kr.
Nora 240.000 £

FRU LINDE: Ja men, Nora, hvordan var det mulig?
Mrs Linde Yes but Nora how was that possible

Lånte du dem? Jeg forstår ikke.
Borrowed you them I understand not

NORA: Det behøver du jo heller ikke. Det er jo
Nora That needs you yes at all not That is yes
well indeed

slett ikke sagt at jeg har lånt pengene. Jeg kan
absolutely not said that I have borrowed the money I can

jo ha fått dem på andre måter. (kaster seg tilbake
yes have gotten them on other ways throws herself back
indeed by

i sofaen.) Jeg kan jo ha fått dem av en eller
in the couch I can yes have gotten them from one or
indeed

annen beundrer. Når man ser såpass tiltrekkende ut som
other admirer When one sees enough attractive ~~out~~ like
                    looks

jeg -
I -
me

FRU LINDE: Du er gærn.
Mrs Linde You are crazy
                    of one's husband

FRU LINDE: Hør nå her, kjære Nora, - du har vel
Mrs Linde Listen now here dear Nora - you have well

ikke gjort noe dumt?
not done something dumb

NORA (sitter atter oppreist): Er det dumt å redde
Nora sits overnight upright Is it dumb to save

livet til mannen sin?
the life to the man his
         of one's husband

FRU LINDE: Jeg synes det er dumt at du ikke fortalte
Mrs Linde I think it is dumb that you not told

det til ham -
that to him -

NORA: Men han måtte jo nettopp ikke vite noe!
Nora But he must yes right-up not know something
              indeed precisely

Herregud, kan du ikke forstå det? Han måtte ikke
Lord-god can you not understand that He must not

en gang vite hvor dødssyk han var. Det var meg
one time know how terminally ill he was That was me
once, ever

23

legene kom til og sa at livet hans sto i fare; at
the doctors came to and said that the life (of) his stood in danger that
was

det eneste som kunne redde ham var et opphold i
that only (thing) which could save him was a stay in
the

syden. Men han ville jo ikke låne penger til å dra.
the south But he wanted yes not loan money for to pull
indeed go

Ja, ja, tenkte jeg. Reddes må du! Så fant jeg en utvei.
Yes yes thought I Be saved may you So found I a out-way
way out

FRU LINDE: Og mannen din fikk ikke vite av din
Mrs Linde And the man of yours got not to know of your

far at pengene ikke kom fra ham?
father that the money not came from him

NORA: Nei, aldri. Pappa døde akkurat på den tida. Jeg
Nora No never Dad died precisely at that time I
just

hadde tenkt å fortelle ham det og be ham ikke røpe
had thought to tell him that and ask him not to reveal

noe. Men da han lå så syk ... -. Dessverre, det
something But when he lay so sick ... -. Unfortunately that

ble ikke nødvendig.
became not necessary

FRU LINDE: Har du aldri tenkt å si det til
Mrs Linde Have you never thought to tell that to

mannen din?
the man your
your husband

NORA (eftertenksom, halvt smilende): Jo - en gang
Nora after-thinking half smiling Yes - one time
pondering once

kanskje; - om mange år når jeg ikke lenger er så
maybe - about many years when I not (any) longer am so
in

pen som nå. Du skal ikke le av det! Jeg mener
pretty as now You shall not laugh of that I think

naturligvis: når Torvald ikke lenger er så tiltrukket av
naturally when Torvald not (any) longer is so attracted of
to

meg som nå. Pøh! Den tid kommer aldri. Men det har
me as now Pooh That time comes never But it has

sannelig ikke vært lett for meg å oppfylle forpliktelsene
indeed not been easy for me to fulfill the obligations

mine til rett tid. Jeg skal si deg, i
(of) mine to right time I shall tell you in
at the

forretningsverdenen er det noe som kalles
the business world is that something which is called
there is

kvartalsrenter, og noe som kalles avdrag; og de
quarterly interest and something which is called installments and they

er alltid så forferdelig vanskelige å skaffe. Mange
are always so terribly difficult to provide Many
make in time

ganger har jeg ikke visst hva jeg skulle gjøre. (smiler.)
times have I not known what I should do smiles

Da satt jeg her og forestilte meg at en gammel rik
Then sat I here and imagined myself that an old rich

mann var blitt forelsket i meg -
man was become in love in me -
had fallen in love

25

FRU LINDE: Hva! Hvilken rik mann?
Mrs Linde What Which rich man

NORA: Å, det er bare noe jeg sier! - at han nå
Nora Ah that is only something I say - that he now

var død, og da man åpnet testamentet hans, så sto
was dead and when one opened the testament (of) his so stood

det med store bokstaver «Alle mine penger skal den
that with large letters All (of) my money shall the
there

elskverdige fru Nora Helmer ha utbetalt straks
endearing Mrs Nora Helmer have paid immediately

kontant».
cash

FRU LINDE: Men kjære Nora, - hva var det for en rik
Mrs Linde But dear Nora - what was that for a rich

mann?
man

NORA: Herregud, kan du ikke forstå det? Det var jo
Nora Lord-god can you not understand that That was yes
well

bare en jeg dikta opp når jeg satt her og ikke visste
only one I thought up when I sat here and not knew

hvordan jeg skulle klare å skaffe penger. (springer opp.)
how I should manage to provide money jumps up

Men nå trenger jeg ikke bekymre meg om penger
But now need I not worry myself about money

mer. Og tenk, så kommer snart våren. Da kan vi
(any)more And think so comes soon the spring Then can we

kanskje få reise litt. Jeg kan kanskje få se havet
maybe get to travel (a) little I can maybe get to see the sea

igjen. Å ja, ja, det er jammen vidunderlig å leve og
again Ah Yes yes that is yes-but wonderful to live and
indeed

være lykkelig! (Klokken høres i entréen.)
be happy The bell hears itself in the hall
sounds

FRU LINDE (reiser seg): Det ringer; det er kanskje best
Mrs Linde Raises herself It rings it is maybe best

jeg går.
(that) I go

NORA: Nei, bli du; det er sikkert ingen; Det er sikkert
Nora No stay you it is surely no one It is surely

bare noen som skal inn til Torvald -
only someone who shall (go) in to Torvald -

STUEPIKEN (i entrédøren): Unnskyld, - det er en mann
The housemaid in the entrance door Pardon - it is a man
there

her som vil snakke med advokaten -
here who wants to chat with the lawyer -

NORA: Med bankdirektøren, mener du.
Nora With the bank director mean you

STUEPIKEN: Ja, med bankdirektøren; men jeg visste ikke -
The housemaid Yes with the bank director but I knew not -

siden doktoren er der inne -
since the doctor is there inside -

NORA (til stuepiken): Hvem er det?
Nora to The housemaid Who is it

KROGSTAD (i entrédøren): Det er meg, fru Helmer!
Krogstad in entrance door That is me Mrs Helmer

FRU LINDE (stusser, farer sammen og vender seg
Mrs Linde bounces collapsed together and turns herself

mot vinduet):
towards the window

NORA (et skritt imot ham, spent, med halv stemme):
Nora a step towards him excited with half voice

Du? Hva er det? Hva vil du prate med mannen min
You What is it What want you talk with the man (of) mine

om?
about

KROGSTAD: Banksaker - på en måte. Jeg jobber en
Krogstad Banking matters - on a way I work a
            in

deltidsstilling i Aksjebanken, og mannen din skal jo
part-time position in the Share bank and the man (of) yours shall yes

nå bli vår sjef, hører jeg. Bare tørre forretninger, fru
now become our boss hear I Only dry business Mrs

Helmer; slett ikke noe annet.
Helmer absolutely not something else

NORA: Ja, vil du da være så god å gå inn
Nora Yes want you then be so good to go inside

kontordøren. (hilser likegyldig, idet hun lukker døren til
the office door greets indifferently wherein she closes the door to

entréen; så går hun bort og ser til ovnen.)
the hall so goes she away and sees to the oven
the stove

FRU LINDE: Nora, - hvem var den mannen?
Mrs Linde Nora - Who was that the man

NORA: Det var en sakfører Krogstad.
Nora That was a solicitor Krogstad

FRU LINDE: Det var altså virkelig ham.
Mrs Linde That was also really him

NORA: Kjenner du han typen der?
Nora Know you him the type there

FRU LINDE: Jeg har kjent ham - for en del år siden.
Mrs Linde I have known him - for a share years since
a few years ago

Han var en tid sakførerfullmektig borte på vår kant.
He was one time solicitor-authorized away on our side

NORA: Ja, det var han jo.
Nora Yes that was he yes

FRU LINDE: Så forandret han er blitt.
Mrs Linde So changed he is become

29

NORA: Han har nok vært meget ulykkelig gift.
Nora He has enough been much unhappily married
been quite

FRU LINDE: Han er enkemann, nå, ikke sant?
Mrs Linde He is widower now not true

NORA: Med mange barn. Sånn; nå brenner det. (hun
Nora With many children Like that now burns it she

lukker ovnsdøren og flytter gyngestolen litt til side.)
closes the oven door and moves the rocking chair (a) little to (the) side
the stove door

FRU LINDE: Han driver jo mange slags forretninger,
Mrs Linde He drives yes many kinds (of) businesses
executes indeed

sies det?
is said that

NORA: Så? Ja det kan gjerne være; jeg vet slett
Nora So Yes that can gladly be I know absolutely
surely

ikke -. Men la oss ikke tenke på forretninger; det er så
not -. But let us not think on businesses that is so

kjedelig.
boring

(Doktor Rank kommer fra Torvalds værelse.)
Doctor Rank comes from Torvalds room

DOKTOR RANK (ennå i døren): Nei nei, du; jeg vil ikke
Doctor Rank still in the door No No you I want not

forstyrre; jeg vil heller gå litt inn til din kone.
disturb I want either to go (a) little inside to your wife

30

(lukker døren og bemerker fru Linde.) Å om forlatelse;
closes the door and notes Mrs Linde To about forgiveness

jeg forstyrrer visst her også.
I disrupt surely here also

NORA: Nei, på ingen måte. (presenterer dem for
Nora No on no way presents them for

hverandre.) Doktor Rank. Fru Linde.
each other Doctor Rank Mrs Linde

RANK: Aha! Det navnet har jeg hørt ofte her i huset.
Rank Aha That ~~the~~ name have I heard often here in the house

Jeg tror jeg gikk forbi deg på trappen da jeg kom. ...
I believe I went past you on the stairs when I came ...

KROGSTAD (roper inne fra Torvald sitt kontor): JEG MÅ
Krogstad shouts inside from Torvald (of) his office I May
                                                        Must

JO LEVE, TORVALD !!
Yes Live Torvald !!
Also

RANK: Akkurat nå i dette øyeblikk er det en moralsk
Rank Precisely now in that eye-glance is that a morally
      Just   moment   there

syk person inne hos Torvald -
sick person inside with Torvald -

FRU LINDE (dempet): Ah!
Mrs Linde controlled Ah

NORA: Hvem mener du?
Nora Who mean you

RANK: Å, det er en sakfører Krogstad, et menneske som
Rank Ah that is a solicitor Krogstad a person who

du ikke kjenner noe til. Han er tvers
you not know anything to He is across
of

igjennom råtten, helt inn i roten av sjelen.
through rotten wholly inside in the root of the soul
rotten through and through

NORA: Hva var det han ville snakke med Torvald om?
Nora What was that he wanted to chat with Torvald about

RANK: Jeg vet sannelig ikke; jeg hørte såvidt at det
Rank I know indeed not I heard barely that that

var noe om Aksjebanken.
was something about the Share bank

NORA: Jeg visst ikke at Nils ... - at denne sakfører
Nora I knew not that Nils ... - that that solicitor

Krogstad hadde noe med Aksjebanken å gjøre.
Krogstad had something with the Share bank to do

RANK: Jo, han har fått en slags ansettelse der nede.
Rank Yes he has gotten a kind of appointment there down
job

NORA (brister ut i en halvhøy latter og klapper i
Nora breaks out in a half-high laughter and claps in
half-loud

hendene).
the hands

RANK: Hva ler du av?
Rank What laugh you of

32

NORA: Si meg, doktor Rank, - alle de som er ansatt
Nora Tell me doctor Rank - all they who are employee

i Aksjebanken, blir altså nå avhengige av Torvald?
in the Share bank become also now dependent of Torvald

RANK: Er det så morsomt?
Rank Is that so funny

NORA (smiler og nynner): Hm hm. (går omkring på
Nora smiles and humming Hm hm goes around on

gulvet.) Ja, det er dødskult å tenke på at vi - at
the floor Yes that is deadly cool to think on that we - that
                  supercool
Torvald har fått så mye innflytelse på mange mennesker.
Torvald has gotten so much influence on many human beings

(tar posen opp av lommen.) Doktor Rank, skal det være
takes the bag up from the pocket Doctor Rank shall that be

et lite sukkertøy?
a little candy

RANK: Se, se; sukkertøy. Jeg trodde det var forbudte
Rank See see candy I believed that was forbidden

varer her.
goods here

NORA: Ja, men disse er noen som Kristine ga meg.
Nora Yes but these are some which Kristine gave me

FRU LINDE: Hva? Jeg -?
Mrs Linde What I -?

33

NORA: Nå, nå, nå; Slapp av! Du kunne jo ikke vite at
Nora · Now now now · Release off · You could well not know that
(Relax)

Torvald hadde forbudt det. Jeg skal si deg han er redd
Torvald had forbidden it · I shall tell you he is afraid

jeg skal få stygge tenner av dem. Men pytt, - for en
I shall get ugly (the) teeth of them · But well - for one
darn

gangs skyld -! Ikke sant, doktor Rank? Vær så god!
times fault -! Not true doctor Rank? Be so good

(putter et sukkertøy i munnen på ham.) Og du også,
puts a candy in the mouth on him · And you also
of

Kristine. Og jeg skal også ha en; bare en liten en -
Kristine · And I shall also have one only a little one -

eller maks to. (spaserer igjen.) Ja, nå er jeg virkelig så
or max two · strolling again · Yes now am I really so

utrolig lykkelig. — Det er bare én ting jeg har så
incredibly happy · — That is only one thing I have so
There

sinnsykt lyst til å si så Torvald hørte på det.
insanely lust for to tell so Torvald heard on it

RANK: Og hva er det?
Rank · And what is that

NORA: Faen i helvete !!
Nora · The devil in hell !!

RANK: Er du gal?
Rank · Are you crazy

FRU LINDE: Men bevares, Nora!
Mrs Linde But mind yourself Nora

RANK: Si det! Der er han!
Rank Tell that There is he

NORA (gjemmer godteposen): Hysj, hysj, hysj.
Nora hides the goody bag Hush hush hush

(Torvald, med overfrakke på armen og hatt i hånden,
Torvald with overcoat on the arm and hat in the hand

kommer fra sitt værelse.)
comes from his room

NORA (imot ham): Nå, kjære Torvald, ble du kvitt
Nora against him Now dear Torvald became you lost

ham?
him

TORVALD: Ja, nå gikk han.
Torvald Yes now went he

NORA: Må jeg få presentere -; det er Kristine som er
Nora May I get to present -; that is Kristine who is

kommet til byen.
come to the city

TORVALD: Kristine -? Unnskyld, men jeg vet ikke -
Torvald Kristine -? Pardon but I know not -

NORA: Fru Linde, kjære Torvald; fru Kristine Linde.

Nora / Mrs / Linde / dear / Torvald / Mrs / Kristine / Linde

TORVALD: Ah javel. Du er kanskje en barndomsvenninne

Torvald / Ah / oh well / You / are / maybe / a / childhood-friend (female)

av Nora?

of / Nora

FRU LINDE: Ja, vi kjenner hverandre fra tidligere.

Mrs / Linde / Yes / we / know / each other / from / earlier

NORA: Og tenk, nå har hun gjort den lange reisen hit

Nora / And / think / now / has / she / done / the / long / journey / here

for å få snakke med deg.

for / to / get / chat / with / you

TORVALD: Hva? Snakke med meg?

Torvald / What / Chat / with / me

FRU LINDE: Ja ikke egentlig -

Mrs / Linde / Yes / not / actually / -

NORA: Kristine er nemlig utrolig flink i kontorarbeid, og

Nora / Kristine / is / in fact / incredibly / good / in / office work / and

så har hun en sånn uhyre lyst til å komme under

so / has / she / one / like that / prodigious / lust / for / to / come / under

en dyktig manns ledelse og bli enda flinkere -

a / suitable / man's / management / and / become / even / better / -

TORVALD (til fru Linde): Meget fornuftig.

Torvald / to / Mrs / Linde / Very / wise

NORA: Og da hun hørte at du var blitt bankdirektør
Nora And when she heard that you were become bank director
had

- det kom telegram om det - så reiste hun så fort
- that came (a) telegram about that - so traveled she so fast
there

hun kunne inn hit og -. Ikke sant, Torvald, du kan
she could inside here and -. Not true Torvald you can

nok gjøre litt for Kristine, for min skyld? Hva?
enough do (a) little for Kristine for my fault What

TORVALD: Jo det var slett ikke umulig. Du er enke,
Torvald Yes that was absolutely not impossible You are widow

antar jeg?
guess I

FRU LINDE: Ja.
Mrs Linde Yes

TORVALD: Og har øvelse i kontorforretninger?
Torvald And have exercise in office business

FRU LINDE: Ja, sånn littegrann.
Mrs Linde Yes like that a little bit

TORVALD: Nå, da er det høyst rimelig at jeg kan
Torvald Now when is that highly reasonable that I can

fikse en jobb til deg -
fix a job for you -

NORA (klapper i hendene): Ser du; ser du!
Nora claps in the hands See you see you

37

TORVALD: du er kommet i et heldig øyeblikk, fru Linde
Torvald you are come in a lucky eye-glance Mrs Linde
             have   moment
-
-

FRU LINDE: Å, hvordan skal jeg takke deg -?
Mrs Linde Ah how   shall I thank you -?

TORVALD: Behøves slett ikke. (trekker ytterfrakken på.)
Torvald Needed absolutely not pulls   overcoat on
         That's absolutely unnecessary

Men i dag må du ha meg unnskyldt -
But to- day may you have me excused -

RANK: Vent; jeg går med deg. (henter sin pels i entréen
Rank Nice I go with you retrieving his fur in the hall

og varmer den ved ovnen.)
and heats it by the oven
                the stove

NORA: Går du også, Kristine?
Nora Goes you also Kristine

FRU LINDE (tar yttertøyet på): Ja, nå må jeg ut og se
Mrs Linde takes outerwear on Yes now may I out and see

meg om etter et værelse.
me about after a room
        for

TORVALD: Da kan vi kanskje slå følge nedover
Torvald Then can we maybe strike consequences down over

gaten?
the street

38

FRU LINDE: Farvel kjære Nora, og takk for alt.
Mrs Linde — Farewell — dear — Nora — and — thanks — for — all

NORA: Farvel så lenge. Ja, i kveld kommer du
Nora — Farewell — so — long — Yes — in this — evening — come — you

naturligvis igjen. Og du også, doktor Rank. Hva? Om du
naturally of course — again — And — you — also — doctor — Rank — What — If — you

blir så bra? Å jo så menn gjør du så; pakk deg
become will be — so — good — Ah — yes — so — but — do — you — so — wrap — yourself

bare godt inn.
only — good — in

(Man går under alminnelig samtale ut i entréen. ...)
One — goes — under — general — conversation — out — in — the hall — ...)

Er Nora, barnepiken Anne-Marie (Torvald såvidt en
(There) are — Nora — the nanny — Anne-Marie — Torvald — barely — a

replikk), barna: Ivar, Bob og Emmy, sakfører Krogstad
reply — children — Ivar — Bob — and — Emmy — solicitor — Krogstad

(stuepiken Helene litt mot slutten)
The housemaid — Helene — (a) little — towards — the end

...Der høres barnestemmer utenfor på trappen.)
There — hears itself sound — children's voices — out before — on — the stairs

NORA: Der er de! Der er de!
Nora — There — are — they — There — are — they

(Hun løper bort og lukker opp. Barnepiken Anne-Marie
She runs away and closes up The nanny Anne-Marie

kommer med barna.)
comes with the children

NORA: Kom inn; kom inn! (bøyer seg ned og kysser
Nora Come inside came inside leans herself down and kisses

dem.) Å dere søte, snille -! Ser du dem, Kristine? Er
them Ah you sweet kind -! See you them Kristine Are

de ikke skjønnne!
they not beautiful

TORVALD: Kom, fru Linde; nå blir det ikke til å
Torvald Come Mrs Linde now becomes that not for to

holde ut her for andre enn mødre.
hold out here for others than mothers
endure

(Doktor Rank, Torvald og fru Linde går nedover trappene.
Doctor Rank Torvald and Mrs Linde goes down over the stairs

Barnepiken går inn i stuen med barna. Nora
The nanny goes inside in the living room with Children Nora

likeledes, idet hun lukker døren til entréen.)
likewise wherein she closes the door to the hall

NORA: Å, så friske og kjekke dere ser ut. Nei, for
Nora Ah so healthy and handsome you see out No for
look because

noen røde kinn dere har fått. Som epler og roser.
some red cheek you have gotten Like apples and roses
such a

(barna   snakker   i munnen   på   henne   under
the children speak   in the mouth   on   her   under
                              loud   to   during

det følgende.)
that following
 what follows

BOB: Vi har hatt det gøy!
Bob   We have had   it   fun

IVAR: Jeg har   trukket både Emmy og   Bob på kjelken!
Ivar   I   have pulled   both Emmy and Bob on the sledge

NORA: Har   du   trukket både Emmy og   Bob på kjelken?
Nora   Have you pulled   both Emmy and Bob on the sledge

IVAR: På en   gang!
Ivar   On one time
       At   · once

NORA: Nei tenk, på   en   gang! Ja, du   er   en flink gutt,
Nora   No   think on   one time   Yes you are a   good   boy
                   for

Ivar. Å,   la   meg holde henne litt,   Anne-Marie.   Mitt
Ivar   Ah   let me   hold   her   (a) little Anne-Marie   (of) mine

søte   lille   dukkebarn!   (tar   den minste   fra   barnepiken   og
sweet little doll-child   takes   the smallest from the nanny   and

danser med   henne.)
dances with her

BOB: UÆEeee! Jeg vil   også! Mamma!
Bob   Uæeeee   I   want also   Mommy

NORA: Ja, ja, mamma   skal   danse med   Bob også.
Nora   Yes yes mommy   shall dance with Bob also

41

IVAR: Vi har kastet snøball!
Ivar   We have thrown snowballs

NORA: Hva? Har dere kastet snøball? Å, der skulle jeg
Nora What Have you thrown snowballs Ah there should I

ha vært med!
have been with
          along

NORA: (I det barnepiken skal til å kle av barna.)
Nora   In that the nanny shall for to dress off the children
      ⌐At the moment⌐

Nei, ikke det; jeg vil selv kle dem av, Anne-Marie. Å
No   not that I want ~~self~~ dress them off Anne-marie Ah

jo, la meg få lov; det er så morsomt. Gå inn så
yes let me get permission that is so funny   Go inside so

lenge; du ser så forfrossen ut. Der står
long you see so frozen   out There stands
        {see ut; look}   {see ut; look}

varm kaffe til deg på ovnen.
warm coffee for you on the oven
                      the stove

(Barnepiken går inn i værelset til venstre. Nora tar
The nanny goes inside in the room to (the) left Nora takes

barnas yttertøy av og kaster det omkring, idet hun
the children's outerwear off and throws it around wherein she

lar dem fortelle i munnen på hverandre.)
lets them tell in the mouth on each other

42

NORA: Ja så? Så det var en stor hund som løp etter
Nora Yes so So that was a large dog who ran after

dere? Men den bet ikke? Nei, hundene biter ikke små
you But it bit not No the dogs bite not small

søte dukkebarn. Ikke se i pakkene, Ivar!
sweet doll children Not see in the packets Ivar
look the present

IVAR: Hva er det inni?
Ivar What is that inside
there

NORA: Hva det er? Ja, det skulle dere bare vite. Å nei,
Nora What that is Yes that should you only know Ah no

nei; det er noe fælt noe. Sånn? Skal vi leke?
no that is some scary something Like that Shall we play

BARNA: Ja!
The children Yes

NORA: Hva skal vi leke?
Nora What shall we play

EMMY: Gjemsel !
Emmy Hide and seek !
(gjemme; hide)

NORA: Gjemsel. Ja, la oss leke gjemsel. Bob skal
Nora Hide and seek Yes let us play hide and seek Bob shall
(gjemme; hide)

gjemme seg først.
hide himself first

BARNA (i kor): Nei, du mamma!
The children in choir No you mommy

NORA: Skal jeg? Okei. Jeg gjemmer meg først.
Nora Shall I Okay I hide myself first

(Hun og barna leker under latter og jubel i
She and the children play under laughter and cheers in

stuen og i det tilstøtende værelse til høyre. Til
the living room and in that adjoining room to (the) right At

slutt gjemmer Nora seg under bordet. Barna
(the) end hides Nora herself under the table The children

kommer stormende inn, leter, men kan ikke finne henne.
come storming inside looking but can not find her

Men så hører de at hun småler under bordet, styrter
But then hear they that she chuckles under the table (they) rush

bort, løfter opp duken og ser henne. Stormende jubel.
away lift up the cloth and see her Storming cheers
forth

Hun kryper frem som for å skremme dem. Ny jubel.
She creeps forth as for to scare them New cheers

I mens har det banket på inngangsdøren, men ingen har
In while has it knocked on the front door but none has
Meanwhile there

lagt merke til det. Døren åpnes halvt og sakfører
laid notice to that The door opens half and solicitor

Krogstad kommer til syne. Han blir stående og vente
Krogstad comes to show He remains standing and waits

litt; leken fortsettes.)
(a) little the play continues

KROGSTAD: Unnskyld; ytterdøren sto på klem;
Krogstad Pardon the front door stood on clamp
was jammed, not wholly closed

noen må ha glemt å lukke den.
someone may have forgotten to close it

NORA (skvetter opp): Min mann er ikke hjemme, herr
Nora splashes up My man is not home Mr.
jumps husband

Krogstad.
Krogstad

KROGSTAD: Jeg vet det.
Krogstad I know that

NORA: Ja, hva vil du da?
Nora Yes what want you then

KROGSTAD: Jeg vil gjerne ha noen ord med deg.
Krogstad I want gladly to have some word with you

NORA: Hæ! Med ...? (til barna, lavt) Gå inn til
Nora What With ...? to the children low Go inside to

Anne-Marie. Hva? Nei den fremmede mannen vil ikke
Anne-Marie What No the strange ~~the~~ man wants not

gjøre mamma noe ondt. Vi skal leke mer når han
do mommy something bad We shall play more when he

har gått. (hun fører barna inn i værelset til venstre
has gone she leads the children inside in the room to (the) left

og lukker døren etter dem.)
and closes the door after them

NORA (urolig, spent): Vil du snakke med meg?
Nora uneasy excited Want you chat with me

KROGSTAD: Ja, jeg vil det.
Krogstad Yes I want that

NORA: I dag? Men det er jo ikke den første i
Nora In day But that is yes not the first in
To-   well

måneden ennå.
the month still

KROGSTAD: Nei, i dag er det julaften. Men det
Krogstad No in day is that the Christmas eve But that
         to-

kommer an på DEG hva slags juleglede du får.
comes on on YOU what kind of Christmas cheer you get
depends

NORA: Hva er det du vil? Men jeg kan jo ikke betale
Nora What is it you want But I can yes not pay
                                        well

i dag ...
in day ...
to-

KROGSTAD: Det er ikke det.
Krogstad It is not that

NORA: Okay. Hva er problemet da?
Nora Okay What is the problem then

KROGSTAD: Jeg satt nede på puben i gata her, også
Krogstad I sat down on the pub in (the) street here also

fikk jeg se din mann og fru Linde gå forbi. For det
got I to see your man and Mrs Linde go past For that

var henne ikke sant?
was her not true

NORA: Jo da. De gikk akkurat ut.
Nora Yes when They went precisely out
just

KROGSTAD: Dette gjelder fru Linde skjønner du.
Krogstad That applies (to) Mrs Linde understand you

(Alvorlig) Skal hun ha noen som helst ansettelse i
Serious Shall she have some like at all appointment in

banken?
the bank

NORA: Hvordan kan du tillate deg å utspørre meg,
Nora How can you allow yourself to interrogate me

herr Krogstad? Du! En av min manns underordnede! Men
Mr. Krogstad You One of my man's subordinates But

siden du spør, så skal hun det. Og det er meg som har
since you search so shall she that And it is me who has
ask

talt hennes sak, herr Krogstad, bare så du vet det!
spoken her case Mr. Krogstad only so you know that

KROGSTAD: Jeg hadde altså lagt riktig sammen.
Krogstad I had also laid (it) truly together

47

NORA (går frem og tilbake på gulvet): Å, jeg har da
Nora goes forth and back on the floor Ah I have then

en viss innflytelse, skulle jeg tro. Selv om man er en
a certain influence should I believe Self if one is a
Even

kvinne, er det slett ikke sagt at -- Når noen står
woman is that absolutely not said that — When someone stands

i et underordnet forhold sånn som du, så burde man
in a subordinate relationship like that like you so should one

passe seg for å legge seg ut med noen som – hm ...
fit oneself for to lay onself out with some who – hm ...

KROGSTAD: - som har innflytelse?
Krogstad - who has influence

NORA: Ja nettopp!
Nora Yes right-up
exactly

KROGSTAD (skifter tone): Fru Helmer, vil du være så
Krogstad shifts tone Mrs Helmer want you be so

vennlig å bruke din innflytelse til fordel for meg!
friendly to use your influence to advantage for me

NORA: ???
Nora ???

KROGSTAD: Vil du vær' så god sørge for at jeg får
Krogstad Want you be so good to take care for that I may

beholde jobben min i banken.
keep the job (of) mine in the bank

NORA: Men.... Alt det styrer jo min mann. Jeg har jo
Nora — But — All — that — controls — yes — my — man/husband — I — have — yes/indeed

aldeles ingen innflytelse ...
perfectly — no — influence — ...

KROGSTAD: Ikke det? Jeg syntes du nettopp selv sa
Krogstad — Not — that — I — thought — you — right-up/just — (your)self — said
...
...

NORA: Jeg mente det ikke sånn. Jeg! Hvordan kan du
Nora — I — meant — that — not — like that — I/Me — How — can — you

tro at jeg har noen sånn innflytelse på mannen
believe — that — I — have — some — like that — influence — on — the man / the husband

min?
(of) mine

KROGSTAD: Å, jeg kjenner mannen din fra studietiden.
Krogstad — Ah — I — know — the man — yours — from — the study time

Jeg tror ikke herr bankdirektøren er noe mindre
I — believe — not — Mr. — ~~the~~ bank director — is — any — less

tøffelhelt enn andre ektemenn.
slipper hero / weak — than — other — husbands

NORA: Sier du noe stygt om mannen min, så
Nora — Say — you — something — nasty — about — the man — (of) mine — so

kaster jeg deg ut.
throw — I — you — out

49

KROGSTAD: Oi! Så modig du er!
Krogstad Oi So brave you are

NORA: Jeg er ikke redd for deg lenger. Når nyttår er
Nora I am not afraid for you (any) longer When new year is

over, skal jeg snart ha nedbetalt hele gjelden.
over shall I soon have repaid whole the debt
the whole debt

KROGSTAD (mer behersket): Hør på meg, fru Helmer:
Krogstad more restrained Listen on me Mrs Helmer
to

Hvis det blir nødvendig, så kommer jeg til å sloss for
If it becomes necessary so comes I for to fight for

livet, for å beholde den lille stillingen min i banken.
the life for to keep the little position (of) mine in the bank

NORA (ironisk): Det virker sånn, ja!
Nora ironic That works like that yes

KROGSTAD: Det er ikke bare for inntektens skyld. Det er
Krogstad That is not only for income's fault That is

av hensyn til barna mine. Det er det at ... Du
of consideration to the children (of) mine That is that that ... You

vet vel som alle andre at jeg en gang for en del år
know well like all others that I one time for a part years
few

siden har gjort meg skyldig i noe ... dumt.
since have made myself guilty in something ... dumb
of

NORA: Ja, jeg har vel hørt om noe sånt.
Nora Yes I have well heard about something like that

KROGSTAD: Saken kom ikke for retten. Men alle mine
Krogstad The case came not before the court But all (of) my

karriereveier ble liksom stengt for meg med en gang.
career paths became like closed for me with one time
                                                  at

Så begynte jeg med de ... forretningene, som du vet.
So began I with them ... dealerships which you know

Noe måtte jeg jo gripe til. Og jeg har ikke vært
Something must I yes grab to And I have not been

blant de verste! Men nå må jeg ut av alt dette.
among the worst But now may I out of all that

Sønnene mine holder på å bli store. Av hensyn til
The sons (of) mine hold on to become large Of consideration to
              promise

dem, er jeg nødt til å ha en hederlig jobb, så jeg kan
them is I need for to have an honorable job so I can
      have

få tilbake så mye av min ære som mulig, sånn at de
get back so much of my honor as possible so that they

slipper å få problemer på grunn av faren deres. Og
escape to get problems on ground of the father (of) theirs And
                          for reason

denne jobben i banken var liksom første trappetrinn for
that the job in the bank was like (the) first stair-step for
                                              step

meg. Og nå vil din mann sparke meg vekk fra
me And now wants your man kick me away from

trappen, så jeg kommer til å stå nede i sølen igjen.
the stairs so I come for to stand down in the ground again
                                      on

51

NORA: Men, Herre Gud, Krogstad! Jeg har ikke noen
Nora But Lord God Krogstad I have not some

makt til å hjelpe deg.
power for to help you

KROGSTAD: Det er fordi du ikke vil. Men jeg har
Krogstad That is because you (do) not want But I have

midler til å tvinge deg.
means for to force you

NORA (nervøs) Du vil vel ikke fortelle min mann om
Nora nervous You want well not tell my man about
husband

pengene jeg skylder deg?
the moneys I owe you
the money

KROGSTAD (rolig) Hm. Sett at jeg gjorde det?!
Krogstad calm Hm Seen that I did that
What if

NORA: Det ville være skammelig av deg å avsløre
Nora That wanted to be disgraceful of you to disclose
would be

hemmeligheten min på den måten. Men det blir
the secret (of) mine on that the way But that becomes
will be

verst for deg selv. For da får mannen min se hva
worst for you (your)self For when gets the man (of) mine see what

for et grusomt menneske du er, og da kan du vertfall
for a cruel person you are and when can you each-case
in any case

glemme jobben.
forget the job

52

KROGSTAD: ...
Krogstad ...

NORA: Uansett min mann ville med en gang ha
Nora Regardless (of) my man wanted with one time have
                      husband would

betalt ned gjelden.
paid down the debt

KROGSTAD: He he he. Du er virkelig glemsk du.
Krogstad Huh huh huh You are really forgetful you

NORA: Hva mener du?
Nora What think you

KROGSTAD: Da din mann var syk, kom du til meg for
Krogstad When your man was sick came you to me for
                   husband

å låne 240.000 .
to loan 240.000 .

NORA: Jeg måtte jo ha de pengene.
Nora I must yes have these ~~the~~ moneys
            indeed   that money

KROGSTAD: Jeg skaffet deg dem. Men en av betingelsene
Krogstad I obtained you them But one of the conditions

var at jeg skulle ha en gyldig underskrift av faren
was that I should have a valid signature of the father

din på at han stilte garanti for lånet.
yours on that he asked warranty for the loan

53

NORA: Ja, men det fikk du da å. Husker du ikke det
Nora — Yes — but — that — got — you — when — to — Remember — you — not — that

da.
then

KROGSTAD: Jo da så absolutt. Her har jeg nemlig noen
Krogstad — Yes — then — so — absolutely — Here — have — I — in fact — some

beviser på at en død man har skrevet under. Hans
prove — on — that — a — dead — one — has — written — under — His

underskrift ble jo påført etter hans død.
signature — became — yes / indeed — applied — after — his — death

NORA: Nå skjønner jeg ikke helt.
Nora — Now — understand — I — not — wholly

KROGSTAD: Faren din døde 29. september. Men han
Krogstad — The father — (of) yours — died — 29 — September — But — he

underskrev 2. oktober. Er ikke det litt merkelig?
signed — 2 — October — Is — not — that — (a) little — strange

NORA (Ser ned i bakken, og utbryter uten å se han
Nora — Looks — down — in — the ground — and — exclaims — without — to — look — him
at

i øyene sannheten.) Jeg ville skåne pappa. Og jeg
in — the eyes — the truth — I — wanted — to spare — dad — And — I

måtte ha penger til den utenlandsreisen. Den reisen
must / had to — have — money — to — that — ~~the~~ journey abroad — The — journey

skulle jo redde livet til mannen min.
should — yes / indeed — afraid — the life — to — the man — (of) mine
my husband

KROGSTAD: Fru Helmer! Forstår du ikke at dette er
Krogstad Mrs Helmer Understand you not that that is

like ille som det jeg ble tatt for?
as bad as that I became taken for

NORA: Men prøvde du å redde din kone?
Nora But tried you to save your wife
did you try

KROGSTAD: Loven spør ikke om hvorfor jeg gjorde det,
Krogstad The law asks not about wherefore I did that

eller du for den sags skyld.
or you for that affair's fault

NORA: Da er det en sugen lov.
Nora Then is that a sugary law
foolish

KROGSTAD: Men nå veit du hvor du står. Det er opp
Krogstad But now know you where you stand It is up

til deg hva du gjør. Men det sier jeg deg: Hvis jeg
to you what you do But that say I (to) you If I

blir dumpa for andre gang, så skal du bli med
become dumped for (an)other time so shall you become with
go

meg! Hade bra fru Helmer. (Han nikker og går ut
me Bye good Mrs Helmer He nods and goes out

gjennom entréen)
through the hall

55

NORA (tenker en stund, kaster med nakken): Høh! Han
Nora thinks a while throws with the neck Hoh He

prøvde å skremme meg. Så dum er jeg ikke. (begynner
tried to scare me So stupid am I not begins

å legge sammen klærne til barna, som ligger strødd
to lay together the clothes to the children which lie strewn
                              of

utover).
out over
all over

BARNA (i døren til venstre): Mamma, nå gikk han
The children in the door to (the) left Mommy now went he

fremmede mannen ut gjennom porten.
strange the man out through the gate
the strange man

NORA: Ja, ja, jeg vet det. Men ikke fortell det til
Nora Yes yes I know that But not tell that to

noen at han har vært der. Hører dere det? Ikke til
someone that he has been there Hear you that Not to

pappa heller!
dad either

BARNA: Nei, mamma; Men skal vi leke mer?
Children No mommy But shall we play more

NORA: Nei, nei, ikke nå.
Nora No no not now

BARNA: Å, men, mamma, du lovte det jo!
Children Ah but mommy you promised that yes
                                          you would

56

NORA: Ja, men jeg kan ikke nå. Gå inn. Jeg har så
Nora Yes but I can not now Go inside I have so

mye å gjøre. Gå inn; gå inn, kjære søte barn. (hun
much to do Go inside go inside dear sweet children she

nøder dem varsomt inn i værelset og lukker døren
urges them carefully inside in the room and closes the door

etter dem.)
after them

NORA (Virrer nervøst omkring i stua.) Helene! La
Nora Whirring nervously around in the (living)room Helene Let

meg få treet inn. (virrer videre)
me get the tree inside whirring further

STUEPIKEN (med grantreet): Hvor skal jeg sette det, fru
The housemaid with spruce tree Where shall I set that Mrs
put
Helmer?
Helmer

NORA: Der; midt på gulvet.
Nora There middle on the floor
in the middle of

STUEPIKEN: Skal jeg ellers hente noe?
The housemaid Shall I else fetch something

NORA: Nei, takk; jeg har det jeg trenger.
Nora No thanks I have that I need
what

(Stuepiken, som har satt treet fra seg, går ut igjen.)
The housemaid who has set the tree from herself goes out again

57

NORA (i ferd med å pynte juletreet): Det skal lys
Nora in go with to decorate the Christmas tree That shall light
    busy

på - og blomster. - Det avskyelige mennesket! Blås i
on - and flowers - That abominable man Blow in

det! Det er ingen ting i veien. Juletreet skal bli
that That is no- thing in the way the Christmas tree shall become
    There

så fint. -
so fine -

(Torvald, med en pakke papirer under armen, kommer
Torvald with a package (of) papers under (the) arm comes

utenfra.)
from outside

NORA: Ah, - kommer du tilbake allerede?
Nora Ah - come you back already

TORVALD: Ja. Har det vært noen her?
Torvald Yes Has it been someone here
    there

NORA: Her? Nei.
Nora Here No

TORVALD: Det var merkelig. Jeg så Krogstad gå ut av
Torvald That was strange I saw Krogstad go out of

porten.
the gate

NORA: Å ja, det er sant, Krogstad var her et øyeblikk.
Nora Ah yes that is true Krogstad was here a eye-glance
    moment

58

TORVALD: Nora, jeg kan se det på deg, han har vært
Torvald   Nora   I   can see that on you he has been

her og bedt deg legge et godt ord inn for ham.
here and asked you to lay a good word inside for him

NORA: Ja.
Nora Yes

TORVALD: Og det skulle du gjøre liksom av egen drift?
Torvald And that should you do like of own operations

Du skulle fortie for meg at han hadde vært her. Ba
You should conceal for me that he had been here Asked
   would

han ikke om det også?
he not about that also

NORA: Jo, Torvald; men -
Nora Yes Torvald but -

TORVALD: Nora, Nora, og det kunne du innlate deg på?
Torvald Nora Nora and that could you embark you on

(Truer med fingeren.) Du må adri lyve for meg mer!
Threatens with the finger You may never lie for me (any)more

En sangfugl må ha rent nebb å kvitre med; aldri
A songbird may have (a) clean beak to chirp with never
      must

falske toner. (tar henne om livet.) Ikke sant? (Nora
false tones takes her around the body Not true Nora
     hugs

nikker motvillig.) Fint! (slipper henne.) Og så ferdig med
nods reluctantly Fine releases her And so ready with

59

den saken. (setter seg foran ovnen.) Ah, så lunt
that ~~the~~ case puts himself in front of the oven Ah so sheltered
the stove

og hyggelig det er her. (blar litt i sine papirer.)
and cosy that is here leafs (a) little in his papers

NORA (beskjeftiget med juletreet, etter et kort
Nora occupied with the Christmas tree after a short

opphold.) Torvald!
up-keep Torvald
pause

TORVALD: Ja.
Torvald Yes

NORA: Jeg gleder meg så veldig til kostymeballet
Nora I pleasure myself so very much to the costume(d) ball
look forward

hos Stenborg i overmorgen. ... Har du det veldig
with Stenborg in over-tomorrow ... Have you that very
{Stone Castle} Are

travelt, Torvald?
busy Torvald

TORVALD: Å -
Torvald Ah -

NORA: Hva er det for noen papirer?
Nora What is that for some papers
are

TORVALD: Banksaker.
Torvald Banking matters

NORA: Allerede?
Nora Already

TORVALD: Jeg har latt den avtredende bestyrelsen
Torvald · I · have · allowed · the · off-stepping / leaving · board of management

gi meg fullmakt til å foreta de nødvendige
to give · me · authorization · for · to · make · the · necessary

forandringer i personalet og i forretningsplanen. Det må
changes · in · the staff · and · in · the business plan · That · may

jeg bruke juleuken til. Jeg vil ha alt i orden
I · use · the Christmas week · to · I · want · to have · all · in · order

til nyttår.
for · (the) new year

NORA (fremdeles lenet til stolryggen, purrer
Nora · still · leaning · to / against · the chair-back / the back of the chair · tickles / moves her fingers

langsomt i hans nakkehår.) Hvis du ikke hadde hatt
slowly · in · his · neckhair / neckline · If · you · not · had · had / been

så travelt, ville jeg ha bedt deg om en utrolig
so (much) · busy · would · I · have · asked · you · for · an · incredibly

stor tjeneste, Torvald?
large · service · Torvald

TORVALD: La meg høre. Hva skulle det være?
Torvald · Let · me · hear · What · should · that · be

NORA: Der er jo ingen der har en sånn fin smak
Nora · There · is · yes / well · none · there · has · one · like that · fine / small · taste

som du. Nå ville jeg så gjerne se godt ut på
who · you · Now · wanted · I · so · gladly · see · good · out · on
(look good)

kostymeballet. Torvald, kunne ikke du ta deg av
the costume(d) ball · Torvald · could · not · you · take (care) · you · of

61

meg og bestemme hva jeg skal være, og hvordan min
me and decide what I shall be and how my
wear

drakt skal være innrettet? Jeg klarer meg ikke uten
wear shall be furnished I clear myself not without
costume manage

din hjelp.
your help

TORVALD: Godt, godt: jeg skal tenke på saken; vi skal
Torvald Good good I shall think on the case we shall

nok få orden på det.
enough get order on that
still

NORA: Å, så snilt av deg. (går igjen til juletreet;
Nora Ah so nice of you goes again to the Christmas tree

opphold.) Men si meg, er det virkelig så slemt, det som
upkeeps But tell me is that really so wicked that which
stops

denne Krogstad har gjort seg skyldig i?
that Krogstad has done himself guilty in
of

TORVALD: Skrevet falske underskrifter. Har du noen
Torvald Written false signatures Have you any

forestilling om hva det vil si? Og så vred han seg
notion about what that wants to say And so wroth he himself

unna i stedet for å tilstå det gale han hadde gjort
away in- stead for to confess that craziness he had done

og ta sin straff. Og det er dette som moralsk har
and take his penalty And it is that which morally has

nedbrutt ham. Tenk deg bare hvordan et sånt
down-broken him Think you only how a like that
brought down

62

skyldbevisst menneske må lyve og hykle og late som i
guilty person may lie and sham and pretend as in

forhold til alle mennesker, må gå med maske og spille
relationship to all human beings may go with mask and spill
with

en annen en den han i virkeligheten er, også overfor sin
an other one that he in the reality is also opposite his

egen kone og sine egne barn. Og dette med barna,
own wife and his own children And that with the children

det er nettopp det forferdeligste, Nora.
that is right-up the dreadfullest Nora
just worst

NORA: Hvorfor?
Nora Wherefore

TORVALD: Fordi at når det er så mye løgn i luften,
Torvald Because that when it is so much lie in the air
there

gjør det athvert åndedrag som barna tar i et sånt
does that at each breath which the children take in a such

hus, er fylt med spirer til noe stygt.
house is stuffed with sprouts to something nasty

NORA (nærmere bak ham): Er du sikker på det?
Nora closer behind him Are you sure on that
of

TORVALD: Å kjære, det har jeg titt nok erfart
Torvald Oh dear that have I regularly enough experienced

som advokat. Nesten alle tidlig forvorpne mennesker har
as lawyer Almost all early depraved human beings have

hatt løgnaktige mødre.
had mendacious mothers

63

NORA: Hvorfor akkurat - mødre?
Nora Wherefore precisely - mothers
just

TORVALD: Det skriver seg hyppigst fra mødrene; men
Torvald That writes itself frequently from mothers but
describes of

fedre virker naturligvis i samme retning; det vet
fathers work naturally in (the) same direction that knows

enhver sakfører meget godt. Og likevel har denne
any solicitor very well And nonetheless has that

Krogstad gått der hjemme i årevis og forgiftet sine egne
Krogstad gone there home in years and poisoned his own

barn i løgn og falskhet; det er derfor jeg kaller ham
children in lie and falsehood it is therefore I call him

moralsk forkommen. (strekker hendene ut imot henne.)
morally forlorn extends the hands out against her

NORA (drar hånden til seg og går over på den annen
Nora pulls the hand to herself and goes over on the other

side av juletreet): Så varmt det er her. Og jeg har
side of the Christmas tree So warm that is here And I have

så mye å gjøre.
so much to do

TORVALD (reiser seg og samler sine papirer sammen):
Torvald rises himself and collects his papers together

Ja, jeg får også tenke på å få lest litt av dette
Yes I may also think on to get reading (a) little of that

igjennom før julemiddagen. Din drakt skal jeg også
through before the Christmas dinner Your wear shall I also
costume

64

tenke på. (legger hånden på hennes hode.) Å du min
think on puts the hand on her head To you my
of

elskede lille sangfugl. (han går inn i sitt værelse og
beloved little songbird he goes inside in his room and

lukker døren etter seg.)
closes the door after himself

NORA (sakte, etter en stillhet): Å hva! Det er ikke sånn.
Nora softly after a silence To what That is not like that

Det er umulig. Det må være umulig.
That is impossible That may be impossible

ANNE-MARIE (i døren til venstre): De små ber så
Anne-Marie in the door to (the) left The small ask so

vakkert om de må komme inn til mamma.
beautiful if they may come inside to mommy

NORA: Nei, nei, nei; slipp dem ikke inn til meg! Vær
Nora No no no release them not inside to me Be

hos dem du, Anne-Marie.
with them you Anne-marie

ANNE-MARIE: Ja, ja, fru Nora. (lukker døren.)
Anne-Marie Yes yes Mrs Nora closes the door

65

NORA (blek av redsel): Forderve mine små barn -!
Nora pale of fear Corrupt my small children -!

Forgifte hjemmet? (kort opphold; hun hever nakken.) Dette
Poison the home short upkeep she raises the neck That
pause the head

er ikke sant. Dette er aldri i evighet sant.
is not true That is never in eternity true

ANNEN AKT
Second Act

FORTELLEREN: Nå er julaften forbi. Julemiddagen
The narrator / Now / is / the Christmas eve / past / The Christmas dinner

fortært. Barna har pakket opp alle julegavene
consumed / The children / have / packed up / *unpacked* / all / the Christmas presents

(og sikkert ødelagt noen av dem også), herpet
and / sure / broken / some / of / them / also / picked bare

juletreet ... Vi er kommet til 2. akt. Det er 1.
the Christmas tree / ... / We / is / have / come / to / 2. / act / That / is / 1.

juledag.
Christmas day

(Samme stue. Oppe i kroken ved pianoet står
Same / living room / Up / in / the corner / by / the piano / stands

juletreet, plukket, forpjusket og med nedbrente
the Christmas tree / picked / disheveled / and / with / burned

lysestumper. Noras yttertøy ligger på sofaen. Nora, alene
candle stumps / Nora's / outerwear coat / lies / on / the couch / Nora / alone

i stuen, går urolig omkring; til sist stanser hun ved
in / the living room / goes / uneasy / around / at / last / stops / she / by

sofaen og tar sin kåpe.)
the couch / and / takes / her / cape

NORA (slipper kåpen igjen): Nå kom det noen! (mot
Nora / takes off / the cape / again / Now / comes / that there / someone / towards

døren; lytter.) Nei, - det er ingen. Det kommer ingen i
the door / listens / No / - / that / is / no one / That There / comes / no one / in to-

67

dag, første juledag; Men kanskje - (åpner døren og
day | first | Christmas day | But | maybe | - | opens | the door | and

ser ut.) Nei; ingenting i brevkassen; tom. (går
looks | out | No | nothing | in | the letter box | empty | goes

fremover gulvet.) Å tulleri! Han gjør naturligvis ikke
straight across | the floor | Ah | nonsense | He | does | of course | not

alvor av det. Det kan jo ikke skje noe slikt. Det
seriously | of | that | That | can | yes well | not | happen | something | such | That

er umulig. Jeg har jo tre små barn.
is | impossible | I | have | yes indeed | three | small | children

ANNE-MARIE (inn fra rommet til venstre med en stor
Anne-Marie | inside | from | the room | to | (the) left | with | a | large

pappeske): Jo endelig fant jeg esken med
cardboard box | Yes | finally | found | I | the carton | with

utkledningsklærne.
the costumes clothes

NORA: Takk; sett den på bordet.
Nora | Thanks | set put | it | on | the table

ANNE-MARIE (gjør så): De er litt ødelagte. Men de
Anne-Marie | does | so | They | are | (a) little | messed up | But | they

kan godt settes i stand; bare litt tålmodighet.
can | good | be set | in | stand order | only | (a) little | patience

NORA: Ja, jeg vil gå bort til fru Linde og få henne
Nora | Yes | I | want | to go | away | to | Mrs | Linde | and | get | her

til å hjelpe meg.
for to | to | help | me

68

ANNE-MARIE: Nå ut igjen? I dette stygge været? Du
Anne-Marie Now out again In that ugly weather You

blir forkjølet, - blir syk.
become have a cold - become sick
will

NORA: Det er ikke det verste som kunne skjedd. — Du,
Nora That is not that worst which could happened — You
            the   happen

Anne-Marie! Det er noe jeg har tenkt på så ofte:
Anne-Marie That is something I have thought on so often
            There

Hvordan klarte du å adoptere bort barnet ditt til
How were able you to adopt away ~~the~~ child yours to
                          let adopt

fremmede? Hvordan hadde du samvittighet til det?
strangers How had you the conscience to that

ANNE-MARIE: Men det måtte jeg jo når jeg skulle
Anne-Marie But that must I yes when I should
                      had to   indeed

være amme for lille Nora.
be breastfeed for little Nora
    a nurse

NORA: Ja men at du ville det?
Nora Yes but that you wanted that

ANNE-MARIE: Når jeg kunne få en så god plass? En
Anne-Marie When I could get a so good place A

fattig jente som er blitt ufrivillig gravid, må være glad
poor girl who is become involuntarily pregnant may be happy

til. For han slasken av en barnefar gjorde jo ingenting
to For he the slob of a child's father did well nothing

          that slob

for meg.
for me

NORA: Men din datter har da visst glemt deg.
Nora But your daughter has then surely forgotten you

ANNE-MARIE: Å nei, det har hun slett ikke. Hun
Anne-Marie Ah no that has she absolutely not She

skrev til meg, både da hun ble konfirmert, og etter
wrote to me both when she became confirmed and after

at hun giftet seg.
that she married herself

NORA (tar henne om halsen): Du gamle Anne-Marie, du
Nora takes her about the throat You old Anne-Marie you

          hugs her

var en god mor for meg da jeg var liten.
were a good mother for me when I was little

ANNE-MARIE: Lille Nora, stakkar, hadde jo ingen annen
Anne-Marie Little Nora miserable had yes none other
                            well no

mor enn jeg.
mother than I

NORA: (åpner esken.) Gå inn til barna. Nå må jeg -.
Nora opens the box Go inside to the children Now may I -.

I morgen skal du få se hvor pen jeg skal bli.
In morrow shall you get to see how pretty I shall become
To-

ANNE-MARIE: Ja, der blir så menn ingen på
Anne-Marie / Yes / there / becomes will be / so / but / no one / on

hele ballet så pen som fru Nora. (hun går inn i
whole the ball / so / pretty / as / Mrs / Nora / she / goes / inside / in
the whole ball

værelset til venstre.)
the room / to / (the) left

NORA (begynner å pakke ut av esken, men kaster snart
Nora / begins / to / package out — unpack / from / the box / but / throws / soon

det hele fra seg): Å, bare jeg turde gå ut. Hvis
that / whole — the whole thing / from / herself / Oh / (if) only / I / dared / go / out / If

bare ingen kom. Hvis det bare ikke hendte noe her
only / no one / came / If / that / only / not / happened / something / here

hjemme imens. Tull! Det kommer ingen. (teller
home / meanwhile / Nonsense / That There / comes / no one / counts

fingrene på hanskene sine) En, to, tre, fire, fem, seks -
fingers / on / the gloves / (of) her / One / two / three / four / five / six -

(skriker:) Ah! (vil imot døren, men står ubesluttsom.
screaming / Ah / wants / towards / the door / but / stands / indecisive

Fru Linde kommer fra entréen hvor hun har tatt av
Mrs / Linde / comes / from / the hall / where / she / has / taken / off

seg yttertøyet.)
herself / the outerwear — her coat

NORA: Å, er det deg, Kristine. Der er vel ingen andre
Nora / Oh / is / that / you / Kristine / There / is / well / no one / else

der ute? - Så godt at du kom. Jeg trenger hjelp til
there / out / - / So / good / that / you / came / I / need / help / for

71

noe. La oss sette oss her i sofaen. Se her. Der skal
something Let us set us here in the couch See here There shall

være kostymeball i morgen kveld ovenpå hos konsul
be (the) costume ball in morrow evening upstairs with consul
              to-

Stenborg, og nå vil Torvald at jeg skal være
Stenborg and now wants Torvald that I shall be
{Stone Castle}

neapolitansk fiskerpike og danse tarantella, for den lærte
Neapolitan fisherman girl and dance tarantella for that learned

jeg på Capri. Se, her har jeg drakten; Torvald fikk den
I on Capri See here have I the wear Torvald got it
                           the costume

sydd til meg der nede; men nå er det alt sammen så
sewn to me there down but now is that all together so

forrevet, og jeg vet slett ikke -
ragged and I know absolutely not -

FRU LINDE: Å det skal vi snart få i stand; det er jo
Mrs Linde Ah that shall we soon get in stand that is yes
                                    order   well

ikke annet enn besetningen som er gått litt løs her
not else than the setting which is gone (a) little loose here

og der. Nål og tråd? Sånn, her har vi jo det vi
and there Needle and thread Like that here have we Yes that we

trenger.
need

NORA: Å, det er så snilt av deg.
Nora Ah that is so kind of you

FRU LINDE (syr): Så du skal altså være utkledd i
Mrs Linde sows So you shall also be dressed in to-

morgen, Nora? (syr igjen; kort taushet): Kommer doktor
morrow Nora sows again short silence Comes doctor

Rank hver dag her i huset?
Rank each day here in the house

NORA: Hver eneste dag. Doktor Rank hører liksom til i
Nora Each single day Doctor Rank hears as if to ~~in~~
belongs

huset.
the house

FRU LINDE: Men si meg du: er den mannen helt
Mrs Linde But tell me you is it the man wholly

ærlig? Jeg mener, det virker på en måte som han bare
honest I think that works on a way that he only

vil prøve å smiske med folk?
wants to try to toady with people

NORA: Hvordan mener du det?
Nora How mean you that

FRU LINDE: Da du i går presenterte meg for ham,
Mrs Linde When you in goes presented me for him
yesterday

forsikret han at han ofte hadde hørt mitt navn her i
insured he that he often had heard (of) my name here in

huset; men etterpå merket jeg at din mann slett
the house but afterwards noticed I that your man absolutely

ikke hadde noe begrep om hvem jeg egentlig var.
not had any understanding about who I actually was

Hvordan kunne da doktor Rank -?
How could (that be) when doctor Rank -?

NORA: Joda. (Forklarer:) Torvald elsker meg jo så
Nora Yeah Explains Torvald loves me yes so
    indeed

utrolig høyt; og derfor vil han eie meg helt for
incredibly high and therefore wants he (to) own me wholly for
  much

seg selv, som han sier. I starten da vi var gift
himself self as he says In the start when we was married

ble han liksom sjalu bare jeg nevnte noen av de
became he like jealous (if) only I named some of the

kjære mennesker der hjemme. Så lot jeg det naturligvis
dear human beings there home So let I that naturally

være. Men med doktor Rank snakker jeg ofte om sånt;
be But with doctor Rank speak I often about such

for han vil gjerne høre på det, ser du.
for he wants gladly hear on that see you

FRU LINDE: Hør her, Nora; Jeg synes du skulle se å
Mrs Linde Listen here Nora I think you should see to

komme ut av dette her med doktor Rank.
come out of that here with doctor Rank

NORA: Hva for noe skulle jeg se å komme ut av?
Nora What for something should I see to come out of

74

FRU LINDE: Både av det ene og det andre, synes jeg.
Mrs Linde — Both of that one and that other — think I

I går snakket du noe om en rik beundrer, som
In goes / Yesterday — chatted you something about a rich admirer who

skulle skaffe deg penger -
should provide you money -

NORA: Ja, en som ikke er til - dessverre. Men hva så?
Nora — Yes one who not is to there - unfortunately But what so

FRU LINDE: Har doktor Rank formue?
Mrs Linde — Has doctor Rank fortune

NORA: Ja, det har han. Og hva så?
Nora — Yes that has he And what so

FRU LINDE: Ikke prøv å late som ingenting, Nora.
Mrs Linde — Not / Don't try to pretend like nothing Nora

Tror du ikke jeg skjønner hvem du har lånt de
Believe you not I understand who you have borrowed the

240.000 kronene av?
240.000 crowns of

NORA: Er du helt spinnvill? Kan du tenke deg
Nora — Are you wholly spin wild / gone mad Can you think yourself

noe slikt! En venn av oss, som kommer her hver
something like that A friend of us who comes here each

eneste dag! Nei, det forsikrer jeg deg. Det har aldri et
single day No that assure I you That has never one

75

øyeblikk	kunnet	falle	meg	inn	-.	Han	hadde	heller	ingen
eye-glance moment	been able	to fall	me	inside	-.	He	had	neither	no

penger	å	låne	bort	den	gang;	han	arvet	først	etterpå.
money	to	loan	away	that	time	he	inherited	first only	afterwards

Nei,	det	kunne	da	aldri	falle	meg	inn	å	be	doktor
No	that	could	then	never	fall	me	inside	to	ask	doctor

Rank	-.	Forresten	er	jeg	sikker	på,	at	dersom	jeg	ba
Rank	-.	Incidentally	am	I	sure	on (it)	that	there as	I	asked

ham	....	(lytter.)	Hysj!	Nå	kom	Torvald	hjem.	Se	her;	sett
him	....	listens	Hush	Now	came	Torvald	home	See	here	set

deg	inn	til	barna	så	lenge.	Torvald	tåler	ikke
yourself	inside	to with	the children	so	long	Torvald	withstands	not

å	se	skreddersøm.	La	Anne-Marie	hjelpe	deg.	(Fru	Linde
to	see	tailoring sewing	Let	Anne-Marie	help	you	Mrs	Linde

går	inn	til	venstre;	...
goes	inside	to	(the) left	...

...i	det	samme	kommer	Torvald	fra	entréen.)
in	that	same	comes	Torvald	from	the hall

NORA	(går	ham	i	møte):	Å,	jeg	har	ventet	sånn	på
Nora	goes	to him	in	meet	Ah	I	have	waited	so much	on for

deg,	kjære	Torvald.
you	dear	Torvald

TORVALD:	Var	det	sypiken	-?
Torvald	Was	that	the dressmaker	-?

NORA: Nei, det var Kristine; hun hjelper meg å gjøre
Nora   No that was Kristine   she helps   me to make

drakten   min   i   stand. Skal du arbeide?
the wear   (of) mine in stand   Shall you work
the costume   order

TORVALD: Ja. (viser en pakke   papirer.) Se   her. Jeg har
Torvald   Yes shows   a   package (of) papers See here I   have

vært nede i   banken   - (vil   gå   inn   i   sitt   værelse.)
been down in the bank   - wants to go   inside in (of) his room

NORA: Torvald...?
Nora   Torvald

TORVALD (stanser): Ja.
Torvald   stops   Yes

NORA: Hvis den lille   kosepusen   din   ba   deg riktig
Nora   If   the little the cuddle kitty your Asked you truly

inderlig   vakkert   om   en ting -?
fervently beautiful for a   thing -?

TORVALD: Hva   så?
Torvald   What so

NORA: Ville   du   gjøre det   da?
Nora   Would you do   that then

TORVALD: Først må   jeg naturligvis vite   hva   det   er.
Torvald   First may I   naturally   know what that is

77

(Nora smisker og lover at kosepusen skal løpe
Nora sucks up and promises that the cuddle kitty shall run

omkring og gjøre spillopper og at sangfuglen skal kvitre
around and do pranks and that the songbird shall chirp

høyt og lavt ..)
high and low ..)

TORVALD: Nora, - det er da vel aldri det du tok opp
Torvald Nora - that is when well never that you took up

i morges?
in morning
this

NORA (nærmere): Jo, Torvald, jeg ber på mine knær!
Nora closer Yes Torvald I ask on my knees

TORVALD: Og du har virkelig mot til å ta opp den
Torvald And you have really courage for to take up that

saken igjen?
the case again

NORA: Ja, ja, vær så snill; du må la Krogstad få
Nora Yes yes be so kind you may let Krogstad get

beholde stillingen sin i banken.
keep the position his in the bank

TORVALD: Min kjære Nora, stillingen hans har jeg
Torvald My dear Nora, the position (of) his have I

bestemt at fru Linde skal få. Helene!
decided that Mrs Linde shall get Helene!

NORA: Hva vil du?
Nora What want you

TORVALD (søker mellom sine papirer): En avgjørelse.
Torvald searches between his papers A decision

(Stuepiken kommer inn.)
The housemaid comes inside

TORVALD: Se her; ta dette brevet; gå ned med det
Torvald See here take that the letter go down with that

straks. Få fatt i et bybud og la ham besørge det.
immediately Get (a) hold in a porter and let him deliver that
                      of

Men vær rask. Adressen står utenpå. Se, der er
But be fast The address stands on the outside See there is

penger.
money

STUEPIKEN: Greit. (hun går med brevet.)
The housemaid Okay she goes with the letter

TORVALD (legger papirene sammen): Sånn, min lille
Torvald lays the papers together Like that (of) mine little
         puts away
fru stivnakke.
Mrs stiff neck

NORA (åndeløs): Torvald, - hva var det for et brev?
Nora breathless Torvald - what was that for a letter

TORVALD: Krogstads oppsigelse.
Torvald Krogstad's resignation

NORA: Kall det tilbake, Torvald! Gjør det for min skyld; -
Nora Call that back Torvald Do that for my guilt - sake

for din egen skyld; for barnas skyld! Hører du,
for your own guilt sake for the children's guilt sake Hear you,

Torvald; gjør det! Du vet ikke hva dette kan bringe over
Torvald do that You know not what that can bring over

oss alle.
us all

TORVALD: For sent.
Torvald Too late

NORA: Ja, for sent.
Nora Yes too late

TORVALD: Så, så, så; ikke se så forskremt ut. Det er
Torvald So so so not look so frightened ~~out~~ That is

jo bare innbilning alt sammen. Jeg går og setter meg
yes only imagination all together I (will) go and put me
well

på kontoret. Og når Rank kommer, så si ham hvor han
on the office And when Rank comes so tell him where he
in

kan finne meg. (han nikker til henne, går med sine
can find me he nods to her goes with his

papirer inn sitt værelse og lukker etter seg.)
papers inside (of) his room and closes after himself

Nora: (Nora står forvillet av angst, står som fastnaglet.
Nora Nora stands strayed of anxiety stands as riveted
haggard

Det ringer i entréen. Hvisker): Doktor Rank! (hun stryker
It rings in the hall Whispers Doctor Rank she strokes
rubs

seg over ansiktet, griper seg sammen og går hen og
herself over the face grabs herself together and goes forth and

åpner døren til entréen. Doktor Rank står der ute og
opens the door to the hall Doctor Rank stands there out and

henger sin pelsfrakke opp. Under det følgende begynner
hangs his fur-coat up Under the following begins

det å mørkne.)
it to darken

NORA: God dag, doktor Rank. Jeg kjente deg på
Nora Good day doctor Rank I knew you by

ringningen. Men du skal ikke gå inn til Torvald nå; for
the ringing But you shall not go inside to Torvald now for

jeg tror han er opptatt.
I believe he is busy

RANK: Og du?
Rank And you

NORA (idet han går inn i stuen, og hun lukker
Nora wherein he goes inside in the living room and she closes

døren etter ham): Å det vet du nok, - for deg har
the door after him Ah that know you enough - for you have

jeg alltid en stund til overs.
I always a while t̶o̶ left

RANK: Takk for det. Det skal jeg gjøre bruk av så lenge
Rank Thanks for that That shall I make use of so long

jeg kan.
I can

81

NORA: Hva mener du med det? Så lenge du kan?
Nora · What · mean · you · with · that · So · long · you · can

RANK: Jeg kommer snart til å dø. Snarere enn jeg
Rank · I · comes · soon · for · to · die · Sooner · than · I

trodde. (setter seg ved ovnen.) Det er ikke noe å
believed · sets · himself · by · the oven / the stove · That · is · not · something · to

gjøre med. Jeg er den miserableste av alle mine
do · with · I · am · the · most miserable · of · all · (of) my

pasienter, Nora. Jeg er ferdig. Innen en måned ligger jeg
patients · Nora · I · am · ready · Within · a · month · lie · I

kanskje og råtner oppe på kirkegården.
maybe · and · rot · up · on / in · the cemetery

NORA: Å fy, så stygt du snakker.
Nora · Oh · phew · so · nasty · you · speak

RANK: Tingen er også forbannet stygg. Men det verste er
Rank · The thing · is · also · accursed · ugly · But · the · worst · is

at der vil komme så mye annet stygt før det. Nå
that · there · will · come · so · much · else · nasty · before · that · Now

gjenstår bare en eneste undersøkelse; når jeg er ferdig
remains · only · one · single · examination · when · I · am · ready

med den, så vet jeg så omtrent hva tid oppløsningen
with · it · so · know · I · so · approximately · what · time · the resolution / the dissolving

begynner. Der er noe jeg vil si deg. Torvald er
begins · There · is · something · I · want · (to) tell · you · Torvald · is

en	fin	fyr.	Men	han	har	en	voldsom	avsky	for	alt	som
a	fine	guy	But	he	has	a	fierce	disgust	for	all	which

er	ekkelt.	Jeg	vil	ikke	ha	ham	i	mitt	sykeværelse	-
is	disgusting	I	want	not	to have	him	in	my	sick room	-

NORA:	Å	men	doktor	Rank	-
Nora	Oh	but	doctor	Rank	-

RANK:	Jeg	vil	ikke	ha	ham	der.	På	ingen	måte.	Jeg
Rank	I	want	not	have	him	there	On	no	way	I

stenger	døren	min	for	ham.	-	Så	snart	jeg	har	fått
close	the door	(of) mine	for	him	-	As	soon	(as) I	have	gotten

full	visshet	for	det	verste,	sender	jeg	deg	mitt	visittkort
full	certainty	for	the	worst	send	I	you	my	business card

med	et	svart	kors	på,	og	da	vet	du	jeg	ligger
with	an	black	cross	on (it)	and	then	know	you	I	lie

for	døden.
for	the death
	dying

NORA	(med	begge	hender	på	hans	skuldre):	Kjære,	kjære
Nora	with	both	hands	on	his	shoulders	Dear	dear

doktor	Rank,	du	skal	ikke	dø	fra	Torvald	og	meg.
doctor	Rank	you	shall	not	die	(away) from	Torvald	and	me

(setter	seg	på	sofaen.)	I	morgen	skal	du	få	se	hvor
puts	herself	on	the couch	In To-	morrow	shall	you	get	to see	how

bra	jeg	skal	danse;	og	da	skal	du	forestille	deg	at	jeg
good	I	shall	dance	and	then	shall	you	imagine	you	that	I

gjør	det	bare	for	deg,	-	ja,	og	så	for	Torvald
do	that	only	for	you	-	Yes	and	so also	for	Torvald

83

selvfølgelig; - det er klart. (tar forskjellige saker ut av
of course - that is clear takes various things out of

esken.) Doktor Rank; sett deg her, så skal jeg vise deg
the box Doctor Rank see you here so shall I show you

noe.
something

RANK (setter seg): Hva er det?
Rank sets himself What is that

NORA: Se her. Se!
Nora See here See

RANK: Silkestrømper.
Rank Silk stockings

NORA: Hudfargede. Er ikke de lekre? Nei, nei, nei; du
Nora Skin-colored Are not they delicious No no no you

får bare se fotbladet. Å jo, du kan så menn gjerne få
may only see the footpad Ah yes you can so but gladly get

se den øverste delen også.
to see the upper the part also

RANK: Hm -
Rank Hm -

NORA: Hvorfor ser du så kritisk ut? Tror du kanskje
Nora Wherefore see you so critical out Believe you maybe

ikke de passer?
not they fit

RANK: Jeg har jo aldri sett lårene dine ordentlig, så
Rank — I — have — yes/well — never — seen — the thighs — (of) yours — proper — so

jeg kan vel ikke vite om de passer.
I — can — well — not — know — if — they — fit

NORA (ser et øyeblikk på ham): Fy skam deg. (slår
Nora — looks — a — eye-glance/moment — at — him — Phew — shame yourself / be ashamed — strikes

ham lett på øret med strømpene.) Det skal du ha.
him — lightly — on — the ear — with — the stockings — That — shall — you — have

(pakker dem atter sammen.)
packages / packs up — them — after / again — together

RANK: Hva er det for noe mer spennende jeg skal
Rank — What — is — that — for — something — more — exciting — I — shall

få se?
get — to see

NORA: du får ikke se noen ting mer; for du er
Nora — you — may — not — see — some — thing — (any)more — for — you — are

uskikkelig.
naughty

(hun nynner litt og leter mellom sakene.)
she — hums — (a) little — and — looks — between — the things

RANK (etter en kort taushet): Når jeg sitter her sånn
Rank — after — a — short — silence — When — I — sit — here — like that

helt fortrolig sammen med deg, så begriper jeg ikke -
wholly — confidential / intimately — together — with — you — so — understand — I — not -

nei, jeg fatter det ikke - hva det skulle blitt av meg
No I grasp that not - what that should become of me

hvis jeg aldri var kommet her i huset.
if I never was come here in the house
      had

NORA (smiler): Jo jeg tror nok at du i grunnen
Nora smiles Yes I believe (well) enough that you in the ground
                                          basically

hygger deg ganske godt hos oss.
socialize yourself truly good with us

RANK (saktere, ser hen for seg): Tenk å skulle gå
Rank slower sees ahead for himself Think to (I) should go
                          of   that

fra det alt sammen -
(away) from that all together -

NORA: Pøh! Du skal ikke gå fra det.
Nora Pooh You shall not go (away) from that

RANK (som før): - og ikke kunne etterlate seg et
Rank as before - and not could leave himself a

fattig takkens tegn en gang. Jeg har sverget at du
poor of thanks sign one time I have sworn that you
      sign of thanks

skulle vite det før jeg gikk bort. Jeg er så ubeskrivelig
should know that before I went away I am so indescribable

og inderlig forelsket i deg. Ja, Nora, nå vet du det.
and innerly in love in you Yes Nora now know you that
    fervently   with

NORA (reiser seg; jevnt og rolig): La meg slippe frem.
Nora rises himself even and calm Let me slip forth
                                         go

86

RANK (gjør plass for henne, men blir sittende): Nora -
Rank makes place for her but remains sitting Nora -

NORA (i døren til entréen): Helene, kom inn med
Nora in the door to the hall Helene came inside with

lampen. - (går hen imot ovnen.) Uff, kjære doktor
the light - goes forth towards the oven Oomph dear doctor
the stove

Rank, dette her var virkelig stygt av deg.
Rank, That here was really nasty of you

RANK (reiser seg): At jeg har elsket deg så inderlig
Rank rises himself That I have loved you so fervently

som noen annen? Var det stygt?
as any other Was that nasty

NORA: Nei, men at du forteller meg det. At du kunne
Nora No but that you tell me that That you could

være så kLønete, doktor Rank! (setter seg i gyngestolen,
be so clumsy doctor Rank sets herself in the rocking chair

ser på ham, smiler.) Jo, du er i grunnen en ganske
look at him smiles Yes you are in reason a truly

stilig mann, doktor Rank. Blir du ikke litt flau
stylish man doctor Rank Becomes you not (a) little embarrassed

nå som lampen er kommet inn?
now as the light is come inside

RANK: Nei; egentlig ikke. Men jeg skal kanskje gå - for
Rank No actually not But I shall maybe go - for

siste gang?
(the) last time

NORA: Nei, det skal du da slett ikke gjøre. Du skal
Nora No that shall you then absolutely not do You shall

naturligvis komme her som før. Jeg synes det alltid
naturally come here as before I think that always

blir så uhyre festlig her når du kommer.
becomes so prodigious festive here when you come

RANK: Jeg skjønner meg ikke på deg. Mange ganger har
Rank I understand me not on you Many times have

jeg fått følelsen av at du nesten likså gjerne ville
I gotten the feeling of that you almost as gladly wanted

være sammen med meg som med Torvald.
to be together with me as with Torvald.

NORA: Ja, ser du, der er jo noen mennesker som
Nora Yes see you there are yes some human beings who
indeed

man er mest glad i, og andre mennesker som man
one is most happy in, and other human beings who one
with

nesten helst vil være sammen med.
almost at all wants to be together with

RANK: Å ja, det er noe i det.
Rank Ah yes that is something in that
there

88

(Stuepiken kommer fra entréen.)
The housemaid comes from the hall

STUEPIKEN: Fru Helmer! (hvisker og rekker henne et
The housemaid Mrs Helmer whispers and reaches her a

kort.)
card

NORA (kaster et øye på kortet): Ah! (stikker det i
Nora throws an eye on card Ah sticks that in

lommen.)
the pocket

RANK: Er det noe i veien?
Rank Is that something in the way
there

NORA: Nei. Jeg har bestilt en ny drakt! Torvald må ikke
Nora No I have ordered a new wear Torvald may not
costume

vite det -
know that -

RANK: Aha.
Rank Aha

NORA: Ja visst; kan ikke du gå inn til ham; han sitter
Nora Yes surely can not you go inside to him he sits

i det indre værelset; opphold ham så lenge -
in that inner ~~the~~ room uphold him so long -
keep for a while

89

RANK: Vær rolig; han skal ikke slippe fra meg. (han
Rank Be calm he shall not slip (away) from me he

går inn i Torvalds værelse.)
goes inside in Torvalds room

NORA (til stuepiken): Og han står og venter i
Nora to the housemaid And he stands and waits in

kjøkkenet?
the kitchen

STUEPIKEN: Ja, han kom opp baktrappen -
The housemaid Yes he came up the back stairs -

NORA: Men sa du ikke at vi hadde besøk?
Nora But said you not that we had visit
visitors

STUEPIKEN: Jo, men det hjalp ikke.
The housemaid Yes but that helped not

NORA: Han vil ikke gå igjen?
Nora He wants not go again

STUEPIKEN: Nei, han går ikke før han får snakket
The housemaid No he goes not before he may (have) chatted

med deg.
with you

NORA: Så la ham komme inn. Helene, du må ikke si
Nora So let him come inside Helene you may not tell

det til noen; det er en overraskelse for min mann.
that to anyone that is a surprise for my man

STUEPIKEN: Ja, ja, jeg forstår nok - (hun går ut.)
The housemaid Yes yes I understand enough - she goes out

(Stuepiken åpner entrédøren for sakfører Krogstad og
The housemaid opens the entrance door for solicitor Krogstad and

lukker igjen etter ham. Han er kledd i reisepels,
closes again after him He is dressed in travel fur

ytterstøvler og skinnhue.)
outside-boots and leather hat

NORA: Hva vil du meg?
Nora What want you (of) me

KROGSTAD: Du vet vel at jeg har fått sparken.
Krogstad You know well that I have gotten fired

NORA: Jeg kunne ikke forhindre det, herr Krogstad. Jeg
Nora I could not prevent that Mr. Krogstad I

har kjempet til det ytterste for saken din; men det
have fought to the utmost for the case (of) yours but that

hjalp ikke noe.
helped not something

KROGSTAD: Jeg har her i lommen brev til din mann
Krogstad I have here in the pocket (a) letter to your man
                                                        husband
-
-

NORA: Og der står det alt sammen?
Nora And there stands that all together

KROGSTAD. I så skånsomme uttrykk som mulig.
Krogstad In so gentlest expression as possible

NORA (hurtig): Det brevet må han ikke få. Riv det i
Nora fast That ~~the~~ letter may he not get Rip that in

stykker igjen. Jeg skal skaffe pengene.
pieces again I shall provide the money

KROGSTAD: Det er ikke pengene jeg er ute etter. Jeg
Krogstad It is not the money I am ~~out~~ after I

vil ha noe mer. Jeg vil ha oppreisning. Jeg
want to have something more I want to have redress I

vil til værs; og det skal mannen din hjelpe meg
want to aloft and that shall the man (of) yours help me
        rise

med. I halvannet år har jeg ikke gjort meg skyldig i
with In eighteen years have I not made myself guilty in
                                                        of

noe uhederlig; jeg har i all den tid kjempet med de
something dishonest I have in all that time fought with the

trangeste kår; jeg var tilfreds med å arbeide meg opp
tightest plight I was satisfied with to work myself up
        poverty

skritt for skritt. Nå er jeg jaget vekk, og jeg er ikke
step for step Now am I chased away and I am not
    by

fornøyd med bare å tas til nåde igjen. Jeg vil til værs,
pleased with only to take to mercy again I want to aloft
                              alms   rise

sier jeg deg. Jeg vil inn i banken igjen, - ha en
say I you I want inside in the bank again - have a

92

høyere	stilling;	mannen	din	skal	opprette	en	post	for
higher	standing position	the man your husband	your	shall	create	a	function	for

meg	-
me	-

NORA: Det gjør han aldri!
Nora That does he never

KROGSTAD: Han gjør det; jeg kjenner ham; han våger
Krogstad He does that I know him he dares

ikke	å	motsi	meg	med	et	pip.	Og	er	jeg	først	der
not	to	contradict	me	with	a	peep	And	am	I	first	there
										once I am	

inne	sammen	med	ham,	da	skal	du	bare	få	se!	Innen
inside	together	with	him	then	shall	you	only	get	to see	Within

et	år	skal	jeg	være	direktørens	høyre	hånd.	Det	skal
a	years	shall	I	be	the director's	right	hand	That	shall

bli	Nils	Krogstad	og	ikke	Torvald	Helmer	som	styrer
become be	Nils	Krogstad	and	not	Torvald	Helmer	who	controls

Aksjebanken.
the Share bank

NORA (står målløs og ser på ham).
Nora stands speechless and looks at him

KROGSTAD: Ja, nå har jeg forberedt deg. Når Helmer
Krogstad Yes now have I prepared you When Helmer

har	fått	mitt	brev,	så	venter	jeg	bud	fra	ham.	Og
has	gotten	my	letter	so	await	I	(a) message	from	him	And

husk	vel	på	at	det	er	mannen	din	selv	som	har
remember	well	on	that	it	is	the man yours your husband	yours	(him)self	who	has

tvunget meg inn igjen på denne slags veier. Det skal
forced me inside again on those kind of roads That shall

jeg aldri tilgi ham. Farvel, fru Helmer. (han går ut
I never forgive him Farewell, Mrs Helmer. (he goes out

gjennem entréen og legger brevet i brevkassen; så
through the hall and lays the letter in the letter box so
puts away

hører man Krogstads skritt, som taper seg nedenfor i
hears one Krogstad's step which loses itself below in

trappetrinnene.)
the steps

NORA (med et dempet skrik, løper fremover gulvet og
Nora with a controlled shriek, runs forwards the floor and

henimot sofabordet; kort opphold): I brevkassen. (lister
towards the sofa table short uphold In the letter box listens
pause

seg sky hen til entrédøren.) Der ligger det. -
herself shy forth towards the entrance door There lies that -

Torvald, Torvald, - nå er vi redningsløse!
Torvald Torvald - now are we rescue-less
without rescue

FRU LINDE (kommer med kostymet fra værelset til
Mrs Linde comes with the costume from the room to

venstre): Ja nå vet jeg ikke mer å rette. Skulle vi
(the) left Yes now know I not (any)more to right Should we

kanskje prøve?
maybe try

NORA (hest og sakte): Kristine, kom her.
Nora hoarse and softly Kristine come here

FRU LINDE (kaster kledningen på sofaen): Hva feiler deg?
Mrs Linde throws the clothing on the couch What fails/ails you

Du ser ut som forstyrret.
You see out as disturbed

NORA: Kom her. Ser du det brevet? Der; se, i
Nora Come here See you that the letter There see in

brevkassen.
the letter box

FRU LINDE: Ja, ja; jeg ser det.
Mrs Linde Yes yes I see that

NORA: Det brevet er fra Krogstad -
Nora That the letter is from Krogstad -

FRU LINDE: Nora, - det er Krogstad som har lånt
Mrs Linde Nora - it is Krogstad who has borrowed

deg pengene!
you the money

NORA: Ja; og nå får Torvald vite alt sammen.
Nora Yes and now may Torvald know all together

FRU LINDE: Å tro meg, Nora, det er best for dere
Mrs Linde Oh believe me Nora that is best for you

begge.
both

NORA: Der er mer enn du vet om. Jeg har skrevet en
Nora *There* *is* *more* *than* *you* *know* *about* *I* *have* *written* *a*
of

falsk underskrift -
false *signature* -

FRU LINDE: Men for himmelens skyld -? Jeg vil gå
Mrs *Linde* *But* *for* *heaven's* *guilt* -? *I* *want* *to go*
sake

rett bort og snakke med Krogstad.
right *away* *and* *chat* *with* *Krogstad*

NORA: Ikke gå bort til ham; han gjør deg noe ondt!
Nora *Not* *go* *away* *to* *him* *he* *does* *you* *something* *bad*

FRU LINDE: Det var en tid da han gjerne hadde gjort
Mrs *Linde* *That* *was* *a* *time* *when* *he* *gladly* *had* *done*
There

hva det skulle være for min skyld.
what(ever) *it* *should* *be* *for* *my* *guilt*
sake

NORA: Han?
Nora *He*

FRU LINDE: Hvor bor han?
Mrs *Linde* *Where* *lives* *he*

NORA: (tar i lommen.) her er kortet hans. Men brevet,
Nora *takes* *in* *the pocket* *here* *is* *the card* *(of) his* *But* *the letter*

brevet -!
the letter -!

TORVALD (innenfor i sitt værelse, banker på døren):
Torvald before in (of) his room banks on the door

Nora!
Nora

NORA (skriker i angst): Å, hva er det? Hva vil du
Nora screams in anxiety Ah what is it What want you
do you want

meg?
me
of me

TORVALD: Prøver du kanskje?
Torvald Try you maybe
Are you maybe trying (on the costume)

NORA: Ja, ja; jeg prøver. Jeg blir så pen, Torvald.
Nora Yes yes I try I become so pretty Torvald
am trying (it on) will be

FRU LINDE (som har lest på kortet): Han bor jo like
Mrs Linde who has read on the card He lives yes like
indeed

her om hjørnet.
here around the corner

NORA: Ja; men det nytter jo ikke. Vi er redningsløse.
Nora Yes but that is useful well not We are rescue-less
without rescue

Brevet ligger jo i kassen.
The letter lies yes in the box
well

FRU LINDE: Og mannen din har nøkkelen?
Mrs Linde And the man yours has the key

NORA: Ja, alltid.
Nora Yes always

FRU LINDE: Krogstad må kreve brevet sitt tilbake
Mrs Linde Krogstad may demand the letter (of) his back

ulest, han må finne på et påskudd -
unread he may find on a pretext -

NORA: Men akkurat på denne tiden pleier Torvald å
Nora But precisely at this the time tends Torvald to
just

hente posten -
fetch the mail -

FRU LINDE: Forhal det; gå inn til ham så lenge. Jeg
Mrs Linde Stave that go inside to him so long I
him off

kommer igjen så fort jeg kan. (hun går hurtig ut
come again so fast I can. (she goes fast out
as as I

gjennom entrédøren.)
through the entrance door

NORA (går hen til Torvalds dør, åpner den og kikker
Nora goes forth to Torvald's door, opens it and glances

inn): Torvald!
inside Torvald

TORVALD (i bakværelset): Nå, får jeg endelig slippe inn
Torvald in the back parlor Now may I finally slip inside

i min egen stue igjen? Kom, Rank, nå skal vi da
in (of) my own living room again? Came Rank, now shall we then

få se - (i døren.) Men hva er det?
get to see - in the door But what is that

98

NORA: Hva, kjære Torvald?
Nora — What — dear — Torvald

TORVALD: Rank forberedte meg på en storartet forkledningsscene.
Torvald — Rank — was preparing — me — on/for — a — magnificent — disguise scene

RANK (i døren): Jeg forsto det sånn, men jeg tok visst feil.
Rank — in the door — I — understood — that — like that — but — I — took — surely — wrong

NORA: Ja, ingen får beundre meg i min prakt før i morgen.
Nora — Yes — none — may — admire — me — in — my — glory — before — in to-morrow

TORVALD: Men, kjære Nora, du ser så anstrengt ut. Har du øvet for mye?
Torvald — But — dear — Nora — you — see — so — strained — out — Have — you — rehearsed — too — much

NORA: Nei, jeg har slett ikke øvet ennå.
Nora — No — I — have — absolutely — not — rehearsed — still

TORVALD: Det er du nødt til.
Torvald — That — is — you — need — to
You need to

99

NORA: Ja, Torvald. Men jeg får ikke til noe uten
Nora *Yes* *Torvald* *But* *I* *may* *not* *to* *something* *apart from*

din hjelp; jeg har helt glemt alt sammen.
your *help* *I* *have* *wholly* *forgotten* *all* *together*

TORVALD: Å vi skal snart friske det opp igjen.
Torvald *Ah* *we* *shall* *soon* *fresh* *that* *up* *again*

NORA: Ja, ta deg av meg, Torvald. Vil du love
Nora *Yes* *take (care)* *you* *of* *me* *Torvald* *Will* *you* *promise*

meg det? Å, jeg er så engstelig. Det store selskapet -.
me *that* *Ah* *I* *am* *so* *anxious* *That* *large* *~~the~~ company* *-.*

Du må ofre deg helt for meg i kveld. Ikke noe
You *may* *sacrifice* *yourself* *wholly* *for* *me* *in* *(the) evening* *Not* *some*

kontorarbeid; ikke en penn i hånden. Hva? Ikke sant,
office work *not* *a* *pen* *in* *the hand* *What* *Not* *true*

kjære Torvald?
dear *Torvald*

TORVALD: Det lover jeg deg; i kveld skal jeg være
Torvald *That* *promise* *I* *you* *in* *(the) evening* *shall* *I* *be*

helt og holdent til din tjeneste, - du lille hjelpeløse
wholly *and* *unharmed* *to* *your* *service* *-* *you* *little* *helpless*

tingest. - Hm, det er sant, jeg skal bare - (går mot
thingie *-* *Hm* *that* *is* *true* *I* *shall* *only* *-* *goes* *towards*

entrédøren.)
the entrance door

NORA: Hva skal du ut der etter?
Nora What shall you out there after

TORVALD: Bare se om der skulle være kommet brev.
Torvald Only see if there should be   come (a) letter
                                    have

NORA: Nei, nei, gjør ikke det, Torvald!
Nora No no do not that Torvald

TORVALD: Hvafornoe?
Torvald What

NORA: Torvald, jeg ber deg; der er ikke noe der.
Nora Torvald I ask you there is not some there

TORVALD: Jeg skal bare sjekke. (vil gå.)
Torvald I shall only check wants to go

NORA (ved pianoet, slår de første takter av tarantellaen).
Nora by the piano strikes the first strokes of the tarantella

TORVALD (ved døren, stanser): Aha!
Torvald by the door stops Aha

NORA: Jeg kan ikke danse i morgen hvis jeg ikke får
Nora I can not dance in morrow If I not may
                          to-

prøve med deg.
try with you
practice

TORVALD (går bort til henne): Er du virkelig så nervøs,
Torvald goes away to her Are you really so nervous

kjære Nora?
dear Nora

NORA: Ja, så utrolig nervøs. La meg få prøve med en
Nora Yes so incredibly nervous Let me get to try ~~with~~ one
to practice

gang; vi har akkurat tid til det før vi går til bords.
time we have precisely time for that before we go to (the) table
just have dinner

Å sett deg ned og spill for meg, kjære Torvald; rett
To set you down and play for me dear Torvald correct

på meg; veiled meg som du pleier.
on me guide me as you use to

TORVALD: Gjerne, meget gjerne, siden du ønsker det. (han
Torvald Gladly much gladly since you wish that he

setter seg ved pianoet.)
puts himself by the piano

NORA (griper tamburinen ut av esken og likeledes et
Nora grabs the tambourine out of the box and likewise a

langt broket sjal, hvormed hun ilferdig draperer seg; så
long motley shawl whereby she hastily drapes herself so

står hun med et sprang fremme på gulvet og roper:)
stands she with a jump forth on the floor and shouts

Spill nå for meg! Nå vil jeg danse!
Play now for me Now want I dance

(Torvald spiller, og Nora danser; doktor Rank står ved
Torvald plays and Nora dances doctor Rank stands by

pianoet bak Torvald og ser til.)
the piano behind Torvald and looks t~~o~~

TORVALD (spillende): Langsommere, - langsommere.
Torvald playing Slower - slower

NORA: Kan ikke annerledes.
Nora Can not anything else

TORVALD: Ikke så voldsomt, Nora!
Torvald Not so violent Nora

NORA: Akkurat sånn må det være.
Nora Precisely like that may that be
just

TORVALD (holder opp): Nei, nei, dette går aldeles ikke.
Torvald holds up No no that goes totally not
stops

NORA (ler og svinger tamburinen): Var det ikke det jeg
Nora laugh and swings the tambourine Was that not that I

sa deg?
said you

RANK: La meg spille for henne.
Rank Let me play for her

TORVALD (reiser seg): Ja gjør det; så kan jeg bedre
Torvald rises himself Yes do that so can I better

veilede henne.
guide her

(Rank setter seg ved pianoet og spiller; Nora danser
Rank sets himself by the piano and plays Nora dances

med stigende villhet. Torvald har stillet seg ved ovnen
with rising wildness Torvald has set himself by the oven
   the stove

og henvender jevnlig under dansen rettende bemerkninger
and caters evenly under the dance correcting remarks

til henne; hun synes ikke å høre det; hennes hår løsner
to her she seems not to hear that her hair loosens

og faller ut over skuldrene; hun enser det ikke, men
and falls out over the shoulders she heeds that not but

fortsetter å danse.
continues to dance

(Fru Linde kommer inn.)
Mrs Linde comes inside

FRU LINDE (står som målbundet ved døren): Ah -!
Mrs Linde stands as astonished by the door Ah -!

NORA (under dansen): Her ser du morofakter, Kristine.
Nora under dance Here see you fun gestures Kristine

TORVALD: Men kjæreste Nora, du danser jo som om det
Torvald · But · dearest · Nora · you · dances · yes well · as · if · it

gikk på livet løs.
went · on · the life · loose

NORA: Det gjør det jo også.
Nora · That · does · it · yes indeed · also

TORVALD: Rank, hold opp; dette er jo den rene galskap.
Torvald · Rank · holds · up (stop) · that · is · well · the · clean · madness

Hold opp, sier jeg.
Hold · up (Stop) · say · I

(Rank holder opp å spille, og Nora stanser plutselig.)
Rank · holds · up (Stops) · to · play · and · Nora · stops · suddenly

TORVALD (bort til henne): Du har jo glemt alt hva jeg
Torvald · away · to · her · You · have · yes well · forgotten · all · what · I

har lært deg.
have · learned · you

NORA (kaster tamburinen fra seg): Der ser du selv.
Nora · throws · the tambourine · from · himself · There · see · you · self

TORVALD: Nå, her trengs det veiledning.
Torvald · Now · here · is required · that · guidance

NORA: Ja, du ser hvor nødvendig det er. Du må veilede
Nora · Yes · you · see · how · necessary · that · is · You · may · guide

meg hele tiden. Lover du meg det, Torvald?
me · whole · ~~the~~ time (the whole time) · Promise · you · me · that · Torvald

105

TORVALD: Det kan du trygt stole på.
Torvald — That — can — you — safely — trust — on

NORA: Du skal ikke, hverken i dag eller i morgen, ha
Nora — You — shall — not — neither — in(to-) day — or — in(to-) morrow — have

tanke for noe annet enn meg; du skal ikke åpne
thought — for(about) — something — else — than — me — you — shall — not — open

noe brev, - ikke åpne brevkassen -
any — letter - — not — open — the letter box -

RANK (lavt til Torvald): Du bør ikke si henne imot.
Rank — low — to — Torvald — You — should — not — tell — her — against (refuse her)

TORVALD (slår armene om henne): Barnet skal få sin
Torvald — strikes(puts) — the arms — around — her — The child — shall — get — her

vilje. Men i morgen natt, når du har danset -
will — But — in(to-) — morrow — night — when — you — have — danced -

STUEPIKEN (i døren til høyre): Fru Helmer, bordet er
The housemaid — in — the door — to — (the) right — Mrs — Helmer — the table — is

dekket.
covered
set

NORA: Vi vil ha champagne, Helene.
Nora — We — want — to have — champagne — Helene

STUEPIKEN: Skal bli, fru Helmer. (går ut.)
The housemaid — Shall — become(happen) — Mrs — Helmer — goes — out

106

NORA: (roper ut:) Og litt sukkertøy, Helene, mye
Nora *shouts* *out* *And* *(a) little* *candy* *Helene* *much*

sukkertøy - for én gangs skyld. (til Torvald:) Gå inn så
candy *- for* *one* *times* *guilt* *to* *Torvald* *Go* *inside* *so*
sake

lenge; og du også, doktor Rank. Kristine, du må hjelpe
long *and you* *also* *doctor* *Rank* *Kristine* *you* *may* *help*

meg å få håret satt opp.
me to get the hair set up

NORA: Nå!?
Nora *Now*

FRU LINDE: Reist på landet.
Mrs *Linde* *Rises* *on* *the land*
⌞ *Gone out of town* ⌟

(Nora sukker oppgitt)
Nora *sighs* *upgiven*
giving up

FRU LINDE: Han kommer hjem i morgen kveld. Jeg
Mrs *Linde* *He* *comes* *home* *in* *morrow* *evening* *I*
to-

skrev en lapp til ham.
wrote a note to him

NORA: Gå inn til dem; jeg kommer snart.
Nora *Go* *inside* *to* *them* *I* *come* *soon*

(Fru Linde går inn i spiseværelset.)
Mrs *Linde* *goes* *inside* *in* *the dining room*

TORVALD (i døren til høyre): Men hvor blir så
Torvald in the door to (the) right But where remains so then

lille sangfuglen av?
little the songbird ~~of~~
the little songbird

NORA (imot ham med åpne armer): Her er sangfuglen!
Nora towards him with open arms Here is the songbird

TREDJE AKT
Third Act

FORTELLEREN: Nå er vi kommet fram til tredje akt.
The narrator Now are we come forth to (the) third act
have

Det er andre juledag om kvelden. Fru Linde er alene
It is other Christmas day about the evening Mrs Linde is alone
boxing day in

i stuen hos familien Helmer. Stuepiken sover, og
in the living room with the family Helmer The housemaid sleeps and

Nora og Torvald er på kostymeball hos konsul Stenborg
Nora and Torvald are at (the) costume ball with consul Stenborg

som bor i etasjen ovenfor. Fru Linde later som hun er
who lives in the floor above Mrs Linde pretends as (if) she is
on has

kommet på besøk fordi hun vil se Nora pyntet. Men
come on visit because she wants to see Nora decorated But
made up

i virkeligheten er det noe helt annet hun har i
in ~~the~~ reality is that something wholly else she has in

tankene ...
the thoughts ...

(Samme rom. Sofabordet med stoler rundt er flyttet frem
Same room The sofa table with chairs round is moved forth
has

midt på gulvet. En lampe brenner på bordet. Døren til
middle on the floor A lamp burns on the table The door to

entréen står åpen. Der høres dansemusikk fra etasjen
the hall stands open There is heard dance music from the floor

ovenpå. Fru Linde sitter ved bordet og blar adspredt i
upstairs Mrs Linde sits by the table and leafs scattered in
distracted

109

en bok; forsøker å lese, men synes ikke å kunne holde
a book trying to read but seems not to be able to hold

tankene samlet; et par ganger lytter hun spent mot
the thoughts collected a couple (of) times listens she excited towards
together

ytterdøren.)
the front door

FRU LINDE (ser på klokken sin): Nå må han komme
Mrs Linde looks at the clock hers Now may he come

snart. Hvis han bare ikke - (lytter igjen.) Ah, der er
soon If he only not - listens again Ah there is

han. (hun går ut i entréen og åpner forsiktig den ytre
he she goes out in the hall and opens carefully the outer

dør; der høres sakte skritt i trappen; hun hvisker:) Kom
door there is heard softly steps in the stairs she whispers Come

inn!
inside

KROGSTAD (i døren): Jeg fant en lapp fra deg hjemme.
Krogstad in the door I found a note from you home

Hva skal dette her bety?
What shall that here mean

FRU LINDE: Jeg er nødt til å snakke med deg.
Mrs Linde I is need for to chat with you
have

KROGSTAD: Javel? Og det må nødvendigvis skje her
Krogstad Oh well And that may necessarily happen here

i i huset?
inside in the house

FRU LINDE: Hjemme hos meg var det umulig; rommet
Mrs Linde — Home with me was that impossible the room

mitt har ikke egen inngang. Kom inn; vi er helt
(of) mine has not (its) own entrance Come inside we are wholly

alene; Nils! Vi må snakke sammen.
alone Nils We may chat together

KROGSTAD: Har da vi to noe mer å snakke om?
Krogstad — Have then we two something more to chat about

FRU LINDE: Vi har mye å snakke om.
Mrs Linde — We have much to chat about

KROGSTAD: Det trodde jeg ikke.
Krogstad — That believed I not

FRU LINDE: Nei, for du har aldri forstått meg riktig.
Mrs Linde — No for you have never understood me truly

KROGSTAD: Var det noe mer å forstå enn det
Krogstad — Was that there something more to understand than that

som er så vanlig her i verden? En hjerteløs kvinne
which is so usual here in the world A heartless woman

(henviser til fru Linde med hendene) dumper en mann
referring to Mrs Linde with the hands dumps a man

(peker på seg selv) når hun får et tilbud som hun
points on himself self when she gets a (an) offer which she

synes er bedre.
thinks is better

FRU LINDE: Tror du at jeg er så aldeles hjerteløs? Og
Mrs Linde Believe you that I am so totally heartless And

tror du at jeg brøt med lett hjerte?
believe you that I broke with light heart

KROGSTAD: Ikke det?
Krogstad Not that

FRU LINDE: Nils, har du virkelig trodd det?
Mrs Linde Nils have you really thought that

KROGSTAD: Hvis det ikke var sånn det var, hvorfor
Krogstad If that not was like how it was wherefore

skrev du da den gang til meg slik som du gjorde?
wrote you then that time to me such as you did

FRU LINDE: Jeg kunne jo ikke annet. Når jeg skulle
Mrs Linde I could yes not otherwise When I should
well

bryte med deg, var det jo også min plikt å gjøre slik
break with you was that yes also my duty to do such
indeed

at du mistet følelser for meg.
that you lost feelings for me

KROGSTAD (knuger sine hender): På den måten, altså.
Krogstad clenching his hands On the the matter also

Og dette her — bare for pengenes skyld!
And that here — only for the moneys guilt
the money's sake

112

FRU LINDE: Du må ikke glemme at jeg hadde en
Mrs Linde — You may not forget that I had a

hjelpeløs mor og to små brødre. Vi kunne ikke vente
helpless mother and two small brothers. We could not wait

på deg, Nils; det var jo ikke sikkert om du fikk deg
on/for you Nils; that was well not sure if you got your

jobb, engang.
job, that time

KROGSTAD: Ja, ja. Det var nå det. Men du hadde ikke
Krogstad — Yes, yes. That was now that. But you had not

rett til å dumpe meg for noen andre sin skyld.
right for to dump me for some other his guilt/sake

FRU LINDE: Ja, jeg vet ikke. Mange ganger har jeg
Mrs Linde — Yes, I know not. Many times have I

spurt meg selv om jeg hadde rett til det.
asked my self if I had right to that

KROGSTAD (saktere): Da jeg mistet deg, var det som
Krogstad (slower): When I lost you, was that as

om all fast grunn gled bort under føttene på meg. Siden
if all solid ground slid away under the feet on/of me. Since

har alt gått på rævva for meg.
has all gone on (the) ass / bad for me.

FRU LINDE: Det har ikke gått så bra med meg heller.
Mrs Linde — That has not gone so good with me either

Ingen å sørge over, og ingen å sørge for.
None to worry over and none to take care for

KROGSTAD: Du valgte selv.
Krogstad — You chose self

FRU LINDE: Der var ikke noe annet valg den gang.
Mrs Linde — There was not any other choice that time

KROGSTAD: Nei vel, og så da?
Krogstad — No well and so then

FRU LINDE: Nils, hva om vi to kunne komme over til
Mrs Linde — Nils what if we two could come over to

hverandre.
each other

KROGSTAD: Hva er det du sier?
Krogstad — What is that you say

FRU LINDE: Vi har det da bedre sammen enn hver for
Mrs Linde — We have that then better together than each for

oss.
us

KROGSTAD: Kristine!
Krogstad — Kristine

FRU LINDE: Hvorfor tror du jeg kom hit til byen?
Mrs Linde Wherefore believe you I came here to the city

KROGSTAD: Skulle du ha hatt en tanke for meg?
Krogstad Should you have had a thought for me

FRU LINDE: Ja! Og jeg vil at vi to skal bli
Mrs Linde Yes And I want that we two shall become

sammen. Jeg trenger noen å leve for.
together I need some to live for

KROGSTAD: Mener du virkelig dette? Si meg, – har du
Krogstad Mean you really that Tell me – have you

full rede på fortiden min?
full reason on the current (of) mine
information on my situation

FRU LINDE: Ja.
Mrs Linde Yes

KROGSTAD: Og vet du hva for en drittsekk jeg går for
Krogstad And know you what for an asshole I go for

å være?
to be

FRU LINDE: Ut i fra det du sa i stad, virket det
Mrs Linde Out in from that you said in city worked that

som du mente at med meg kunne du ha blitt en
as you believed that with me could you have become an

annen.
other

KROGSTAD: Det er jeg helt sikker på.
Krogstad   That is I wholly sure on

FRU LINDE: Skulle det ikke kunne skje ennå?
Mrs Linde Should that not could happen still

KROGSTAD: Kristine; Dette sier du helt seriøst. Ja, det
Krogstad   Kristine   That say you wholly seriously Yes that

gjør du. Jeg ser det på deg. Tør du virkelig det-?
do you I see that on you Dare you really that

FRU LINDE: Jeg trenger noen å være mor for; og
Mrs Linde   I need someone to be mother for and

barna dine trenger en mor. Vi to trenger
the children (of) yours need a mother We two need

hverandre. Nils, jeg har tro på det som er inni deg;
each other Nils I have believe on that who is inside you

— jeg tør all ting sammen med deg.
— I dare all thing together with you

KROGSTAD (griper hennes hender): Takk, takk, Kristine; —
Krogstad grabs her hands Thanks thanks Kristine —

nå skal jeg også vite å reise meg i de andres øyne. -
now shall I also know to rise myself in the others' eyes -

Ah, men jeg glemte -
Ah but I forgot -

FRU LINDE (lytter): Hysj! Tarantellaen! Gå, gå!
Mrs Linde listens Hush The tarantella Go go

KROGSTAD: Hvorfor? Hva er det?
Krogstad Wherefore What is that

FRU LINDE: Hører du den dansen der oppe? Når den
Mrs Linde Hear you that ~~the~~ dance there up When it

er slutt, kan vi vente dem.
is ended can we await them

KROGSTAD: Å ja, jeg skal gå. Det er jo alt forgjeves.
Krogstad Ah Yes I shall go That is yes all in vain
                                                 indeed

Du kjenner naturligvis ikke til det skritt som jeg har
You know naturally not to that step which I have
                                     about

foretatt imot Helmers.
undertaken against Helmers

FRU LINDE: Jo, jeg kjenner til det.
Mrs Linde Yes I know to that
                                   about

KROGSTAD: Og allikevel skulle du ha mot til -?
Krogstad And nevertheless should you have towards to -?

FRU LINDE: Jeg forstår godt hvorhen fortvilelsen kan
Mrs Linde I understand good whereto the despair can

drive en mann som deg.
drive a man like you

KROGSTAD: Å, hvis jeg kunne gjøre dette ugjort!
Krogstad Ah If I could make that undone

FRU LINDE: Det kunne du nok; for brevet ditt ligger
Mrs Linde That could you enough for the letter yours lies

ennå i kassen.
still in the box

KROGSTAD: Er du sikker på det? Jeg vil forlange brevet
Krogstad Are you sure on that I will demand the letter
                 of

mitt tilbake.
(of) mine back

FRU LINDE: Nei, nei.
Mrs Linde No No

KROGSTAD: Jo selvfølgelig; jeg venter her til Helmer
Krogstad Yes of course I wait here until Helmer

kommer ned; jeg sier ham at han skal gi meg brevet
comes down I tell him that he shall give me the letter

mitt igjen, - at det bare dreier seg om oppsigelsen
(of) mine again - that it only revolves itself about the resignation

min, - at han ikke skal lese det -
(of) mine - that he not shall read that -

FRU LINDE: Nei, Nils, Du skal ikke kalle brevet tilbake.
Mrs Linde No Nils You shall not call the letter back

KROGSTAD. Men, var det ikke egentlig det du ville
Krogstad But was that not actually that (which) you wanted

at jeg skulle gjøre?
that I should do

118

FRU LINDE. Jo, i starten ja; men det er et døgn
Mrs Linde Yes in the start Yes but that is a day
                                                    there {24 hrs}

siden, og i mellomtiden har jeg vært vitne til utrolige
since and in the meanwhile have I been witness to unbelievable

ting her i huset. Helmer må få vite alt sammen;
thing here in the house Helmer may get to know all together

Sannheten må komme fram mellom dem! Det kan ikke
The truth may come forth between them That can not

fortsette på den måten med løgn og tull og
continue on the ~~the~~ way with lie and nonsense and

tøys..
(more) nonsense

KROGSTAD: Ja vel; Men da skal jeg i hvert fall gjøre
Krogstad Yes well But then shall I in each case do
                                                  any

en ting, og det skal jeg gjøre med en eneste gang -
one thing and that shall I do with a single time -
                                             right now

FRU LINDE (lytter): Skynd deg! Gå, gå! Dansen er slutt;
Mrs Linde listens Hurry you Go go The dance is ended

vi er ikke trygge et øyeblikk lenger.
we are not confident a eye-glance (any) longer
                                     moment

KROGSTAD: Jeg venter på deg der nede.
Krogstad I wait on you there down
                            for

FRU LINDE: Ja, gjør det; du må følge meg til porten.
Mrs Linde Yes do that you may follow me to the gate

KROGSTAD: Så utrolig lykkelig har jeg aldri vært før.
Krogstad / So / incredibly / happy / have / I / never / been / before

(han går ut gjennom ytterdøren; døren mellom værelset
he / goes / out / through / the front door / the door / between / the room

og entréen blir fremdeles stående åpen.)
and / the hall / becomes / remains / still / standing / open

FRU LINDE (rydder litt opp og legger sitt yttertøy til
Mrs / Linde / cleans / (a) little / up / and / lays / puts away / her / outerwear / to

rette): Hvilken vending! Mennesker å arbeide for, - leve
right / Which / turn (of things) / Human beings / to / work / for / - / live

for; et hjem å bringe hygge inn i. Aha, der kommer
for / a / home / to / bring / cosiness / inside / in / Aha / there / come

de. (tar hatt og kåpe.)
they / takes / hat / and / cape

(Torvalds og Noras stemmer høres utenfor; en nøkkel
Torvalds / and / Nora's / voices / sound / out before / a / key

dreies om, og Torvald fører Nora nesten med makt inn
turns / around / and / Torvald / leads / Nora / almost / with / power / force / inside

i entréen. Hun er kledd i det italienske kostyme med et
in / the hall / She / is / dressed / in / that / italian / costume / with / a

stort svart sjal over seg; han er i selskapsdrakt med
large / black / shawl / over / herself / he / is / in / evening dress / with

en åpen svart domino utenpå.)
an / open / black / domino / black and white mask / on the outside

NORA (ennå i døren, motstrebende): Nei, nei, nei! Jeg
Nora still in the door reluctantly No no no I

vil opp igjen. Jeg vil ikke gå hjem så tidlig.
want up again I want not go home so early

TORVALD: Men kjæreste Nora -
Torvald But dearest Nora -

NORA: Å, Torvald; jeg ber deg så inderlig vakkert, - bare
Nora Oh Torvald I ask you so fervently beautiful - only

en time til!
one time more

TORVALD: Ikke et eneste minutt, min søte Nora. Du vet
Torvald Not a single minute my sweet Nora You know

det var en avtale. Inn i stuen! Du blir forkjølet.
that was a deal Inside in the living room You become cooled down
will have a cold

(han fører henne, tross hennes motstand, lempelig inn i
he leads her despite her resistance leniently inside in

stuen.)
the living room

FRU LINDE: God kveld.
Mrs Linde Good evening

NORA: Kristine!
Nora Kristine

TORVALD: Hva, fru Linde, er du her så sent?
Torvald What Mrs Linde are you here so late

FRU LINDE: Ja, unnskyld; jeg ville så gjerne se Noras
Mrs Linde Yes pardon I wanted so gladly to see Nora's

forkledning.
dress up
costume

TORVALD (tar Noras sjal av): Ja, se riktig på henne.
Torvald takes Nora's shawl of Yes look really at her

Jeg skulle nok tro at hun er verd å se på. Er
I should enough believe that she is worth to look at Is

hun ikke fin?
she not fine

FRU LINDE: Ja, det er hun.
Mrs Linde Yes that is she

TORVALD: Det syntes de andre i selskapet også.
Torvald That thought the others in the (social) company also

Men hun er så forferdelig sta. Jeg måtte nesten bruke
But she is so terribly stubborn I must almost use

makt for å få henne med hjem. Er du ferdig med å
force for to get her along home Are you done with to

beundre henne?
admire her

FRU LINDE: Ja; og nå vil jeg si god natt. God natt,
Mrs Linde Yes and now want I tell good night Good night

Nora, og ikke vær så sta.
Nora and not be so stubborn

122

TORVALD: Godt sagt, fru Linde!
Torvald Good said Mrs Linde

FRU LINDE: God natt, herr direktør.
Mrs Linde Good night Mr. director

TORVALD. (følger henne til døren): God natt, god natt.
Torvald follows her to the door Good night good night

Jeg håper du kommer det vel hjem? Jeg skulle så gjerne
I hope you come that well home I should so gladly
then

ha fulgt deg ut ; men du har jo så kort veg. God
have followed you out ; but you have well so short way Good

natt, god natt. (hun går; han lukker etter henne og
night Good night she goes he closes after her and

kommer inn igjen): Sånn! endelig ble vi kvitt henne.
comes inside again Like that finally became we lost her

Hun er forskrekkelig kjedelig, hun der.
She is fearfully boring she there

NORA: Er du ikke veldig trøtt, Torvald?
Nora Are you not very tired Torvald

TORVALD: Nei, ikke i det hele tatt..
Torvald No not in that whole taken

NORA: Ikke søvnig heller?
Nora Not sleepy either

TORVALD: Nei! Men du? Ja, du ser trøtt ut.
Torvald No But you Yes you see tired out
look tired

123

NORA: Ja, jeg er trøtt. Jeg vil snart sove.
Nora Yes I am tired I want soon sleep

TORVALD: Ser du; ser du! Det var altså riktig av meg
Torvald See you see you That was also right of me

at vi ikke ble lenger.
that we not stayed (any) longer

NORA: Å, alt du gjør er riktig.
Nora Ah all you do is right

TORVALD (kysser henne på pannen): Nå snakker
Torvald kisses her on the forehead Now speaks

sangfuglen som om den var et menneske. Men la du
the songbird as if it was a person But let you

merke til hvor festlig Rank var i kveld? Jeg har ikke
notice to how festive Rank was in (the) evening I have not

sett ham i så godt humør på lenge. (ser en stund på
seen him in so good mood on long looks a while at

henne; deretter kommer han nærmere.) Hm, Men det er
her then comes he closer Hm But that is

da godt å være hjemme igjen; å være helt alene med
then good to be home again to be wholly alone with

deg. - Å du henrivende deilige unge kvinne!
you - Ah you ravishing delicious young woman

NORA: Ikke se sånn på meg, Torvald!
Nora Not look like that at me Torvald

TORVALD: Skal jeg ikke se på min dyreste eiendom? På
Torvald · Shall · I · not · look · at · my · dearest · property · On

all den herlighet som er min, min alene, bare min.
all · the · glory · which · is · mine · mine · alone · only · mine

NORA: Ikke snakk til meg på den måten. (går over på
Nora · Not · chat · to · me · on · that · ~~the~~ way · goes · over · on
to

den andre siden av bordet)
the · other · side · of · the table

TORVALD: Jeg har lengtet sånn etter deg i hele
Torvald · I · have · yearned · like that · after · you · in · (the) whole
during

kveld. Da jeg så deg danse tarantellaen, - da kokte
evening · When · I · saw · you · dance · the tarantella · - · then · boiled

det i mitt blod; jeg holdt ikke ut lenger; derfor var
that · in · my · blood · I · held · not · out · (any) longer · therefore · was

det jeg tok deg med meg ned så tidlig -
that · I · took · you · with · me · down · so · early · -

NORA: Gå nå, Torvald! Jeg har ikke lyst.
Nora · Go · now · Torvald · I · have · not · lust
don't feel like it

TORVALD: Hva for noe? Du tuller, lille Nora. Har ikke
Torvald · What · for · something · You · joke · little · Nora · Have · not

lyst? Jeg er jo mannen din-?
lust · I · am · yes · the man · yours
indeed

(det banker på ytterdøren.)
it · bangs · on · the front door
knocks

NORA (farer sammen): Hørte du -?
Nora collapses together Heard you -?

TORVALD. (mot entréen): Hvem er det?
Torvald towards the hall Who is that

DOKTOR RANK (utenfor): Det er meg. Får jeg komme
Doctor Rank out before outside It is me May I come

inn et øyeblikk?
inside a eye-glance moment

TORVALD (sakte, irritert): Å hva er det han vil han
Torvald softly annoyed Ah what is that he wants he

nå, da? (høyt.) Vent litt. (går hen og lukker opp.) Nå,
now then loud Wait (a) little goes forth and closes up / opens Now

det er jo snilt at du ikke går vår dør forbi.
that is yes nice that you not go our door past

RANK: Jeg syntes jeg hørte stemmen din, og så ville
Rank I thought I heard the voice (of) yours and so wanted

jeg gjerne stikke innom. (lar øyet streife flyktig
I gladly stick in about my head in lets the eye roam flighty quickly

omkring.) Akk ja; disse kjære kjente tomter. Dere har det
around Alas yes these dear known plots places You have it

lunt og hyggelig inne hos dere, dere to.
sheltered and cosy inside with you you two

126

TORVALD: Det virket som du hadde det hyggelig i
Torvald That worked as if you had that cosy in
seemed

kveld, du også.
(the) evening you also

RANK: Jeg hadde det helt flott. Hvorfor skulle jeg ikke
Rank I had that wholly great Wherefore should I not

det? Hvorfor skal man ikke ta all ting med i denne
that Wherefore shall one not take all thing along in that

verden? Iallfall så mye man kan, og så lenge man kan.
the world Anyhow so much one can and so long one can

Vinen var fortreffelig -
The wine was super -

TORVALD: særlig Champagnen.
Torvald especially the Champagne

RANK: La du også merke til det? Det er nesten utrolig
Rank Lay you also notice to that It is almost incredible

hvor mye jeg kunne helle innpå.
how much I could pour inside-at
in

NORA: Torvald drakk også mye champagne i kveld.
Nora Torvald drank also much champagne in (the) evening

RANK: Så?
Rank So

NORA: Ja; og da er han alltid så lystig etterpå.
Nora Yes and then is he always so merry afterwards

RANK: Nå, hvorfor skal man ikke ta seg en glad
Rank Now wherefore shall one not take himself a happy

aften etter en vel anvendt dag?
eve   after a well used   day

NORA: Doktor Rank, du har visst vært gjennom en
Nora Doctor Rank you have surely been through a

legevitenskapelig undersøkelse i dag.
medical science   examination in day
                                to-

RANK: Ja nettopp.
Rank Yes right-up
         just

TORVALD: Nå   snakker'a   om   legevitenskapelige
Torvald   Now   chat   about   medical scientific

undersøkelser nå!
investigations now

NORA: Hva ble   resultatet?
Nora What became the result

RANK: Det best mulige   både for lægen   og pasienten, -
Rank The best possible both for the doctor and the patient -

visshet.
certainty

NORA (hurtig og forskende): Visshet?
Nora   fast   and searchingly Certainty
                  inquiring

RANK: Full visshet. Så, skulle jeg ikke ta meg en lystig
Rank Full certainty So should I not take myself a merry

aften etterpå?
evening afterwards

NORA: Doktor Rank, - du liker visst utklednings-fester?
Nora Doctor Rank - you like surely masquerading mounts

RANK: Ja, når det er bra mange artige forkledninger -
Rank Yes when that are good many hilariously disguises -
there

NORA: Hør her; hva skal vi to være på den neste
Nora Listen here What shall we two be on the next

utklednings-fest?
dress-up-feast
costumed ball

TORVALD: Tenker du alt på neste utklednings-fest?
Torvald Think you all on (the) next dress-up-fest
costumed ball

RANK: Vi to? Jo, det skal jeg si deg; Du skal være
Rank We two Yes that shall I tell you You shall be

lykkebarn -
happiness children -

TORVALD: Ja, men finn på et kostyme som kan forestille
Torvald Yes but find on a costume who can imagine

det !
that !

RANK: Hun kan bare komme akkurat sånn som hun er.
Rank She can only come precisely like that who she is
just

129

TORVALD: Det var virkelig treffende sagt. Men hva har
Torvald — That was really aptly said But What have

du selv tenkt å være?
you (your)self thought to be

RANK: Jo, min kjære venn, det er jeg fullkommen
Rank — Well my dear friend that am/have I perfectly

på det rene med. På neste maskerade vil jeg være
on the clean with / come clean with — On (the) next masquerade will I be

usynlig.
invisible

TORVALD: ???
Torvald ???

RANK: Men jeg glemmer jo rent hva jeg kom for.
Rank — But I forget well clean what I came for

Torvald, gi meg en sigar, en av de mørke Havanna.
Torvald give me a cigar one of the dark Havana('s)

TORVALD: Med største fornøyelse. (byr etuiet frem.)
Torvald — With biggest amusement offer the case forth

RANK (tar en og skjærer spissen av): Takk.
Rank takes one and cuts the tip off Thanks

NORA (stryker en voksstikke av): La meg gi deg ild.
Nora strokes/rubs a wax stick/match of/Let me give you fire

130

RANK: Takk for det. (hun holder stikken for ham; han
Rank Thanks for that she holds the stick for him he

tenner.) Og så farvel!
lights (it) And so farewell

TORVALD: Farvel, farvel, kjære venn!
Torvald Farewell Farewell dear friend

NORA: Sov godt, doktor Rank.
Nora Sleep good doctor Rank

RANK: Takk for det ønske. Sov godt! Og takk for ilden.
Rank Thanks for that wish Sleep good And thanks for the fire

TORVALD (dempet): Han hadde drukket betydelig.
Torvald controlled He had drunk considerable

NORA (åndsfraværende): Kanskje det..
Nora absentmindedly Maybe that

(Torvald tar sitt nøkleknippe opp av lommen og går ut
Torvald takes his bunch of keys up from the pocket and goes out

i entréen.)
in the hall

NORA: Torvald - hva vil du der?
Nora Torvald - What want you there
will you do

TORVALD: Jeg må tømme brevkassen; den er helt
Torvald I may empty the letter box it is wholly

stappfull; der blir ikke plass til avisene i morgen
chock full there becomes not place for newspapers in to- morrow

131

tidlig. Hva er det? Her har vært noen vært og fikla
early What is that Here has been someone been and fiddled

med låsen.
with the lock

NORA: Med låsen -?
Nora With the lock -?

TORVALD: Ja visst har det det. Hm. Jeg skulle vel aldri
Torvald Yes surely has it that Hm I should well never

tro at tjenestepikene -? Her ligger en avbrekket hårnål.
believe that the service-girls -? Here lies a broken off hairpin
the maids

Nora, det er din -
Nora that is your -

NORA (hurtig): Det må være barna -
Nora fast That may be the children -

TORVALD: Det må du sannelig få dem til å slutte med.
Torvald That may you indeed get them for to quit with

Hm, hm; - nå, der fikk jeg den opp allikevel. (tar
Hm Hm - now there got I it up anyway takes
open

innholdet ut og roper ut i kjøkkenet.) Helene? - Helene;
the content out and shouts out in the kitchen Helene - Helene

slukk lampen i entréen. (han går inn i værelset
extinguish the light in the hall he goes inside in the room

igjen og lukker døren til entréen.)
again and closes the door to the hall

132

TORVALD (med brevene i hånden): Se her. Vil du se
Torvald with the letters in the hand See here Want you see

hvordan det har opphopet seg. (blar imellom.) Hva er det
how that has accumulated itself leafs between What is that

for noe?
for something

NORA (ved vinduet): Brevet! Å nei, nei, Torvald!
Nora by the window The letter Oh no no Torvald

TORVALD: To visittkort - fra Rank.
Torvald Two business cards - from Rank

NORA: Fra doktor Rank?
Nora From doctor Rank

TORVALD (ser på dem): Doktor medicinæ Rank. de lå
Torvald looks at them Doctor (of) medicine Rank they lay

øverst; han må ha stukket dem inn da han gikk.
on the top he may have stuck them in when he went

NORA: Står der noe på dem?
Nora Stands there something on them

TORVALD: Der står et svart kors over navnet. Se her.
Torvald There stands a black cross over the name See here

Det er da et uhyggelig påfunn. Det er jo nettopp
That is when one grim concoction That is well right-up
just

som han meldte sitt eget dødsfall.
as he reported his own death

NORA: Det gjør han også.
Nora · That · does · he · also

TORVALD: Hva? Vet du noe? Har han sagt deg
Torvald · What · Know · you · something · Has · he · said · you

noe?
something

NORA: Ja. Når de kortene kommer, så har han tatt
Nora · Yes · When · these · ~~the~~ cards · come · so · has · he · taken

avskjed med oss. Han vil lukke seg inne og dø.
goodbye · with · us · He · wants · to close · himself · in · and · die
· of

TORVALD: Min stakkars venn. Jeg visste jo at jeg ikke
Torvald · My · poor · friend · I · knew · well · that · I · not

skulle få beholde ham lenge. Men så snart -. Og så
should · get · to keep · him · long · But · so · soon · -. · And · so

gjemmer han seg bort som et såret dyr.
hides · he · himself · away · like · a · wounded · animal

NORA: Når det skal skje, så er det best at det skjer
Nora · When · that · shall · happen · so · is · that · best · that · it · happens

uten ord. Ikke sant, Torvald?
without · (a) word · Not · true · Torvald

TORVALD (går opp og ned): Han var så sammenvokset
Torvald · goes · up · and · down · He · was · so · together waxed / grown together

med oss. - Nå, det er kanskje best sånn. For ham
with · us · - · Now · it · is · maybe · best · like that · For · him

iallfall. (stanser.) Og kanskje også for oss, Nora. nå er
anyhow stops And maybe also for us Nora now is

det bare oss to. (slår armene om henne.) Å, du min
it only us two strikes the arms about her Oh you my
embraces

elskede hustru; jeg synes ikke jeg kan holde deg fast
beloved wife I think not I can hold you tight

nok. Vet du hva, Nora? - mange ganger ønsker jeg at
enough Know you what Nora - many times wish I that

en overhengende fare måtte true deg, for at jeg
an imminent danger must threaten you for that I

kunne våge liv og blod og alt, for din skyld.
could dare life and blood and all for your guilt
sake

NORA (river seg løs og sier sterkt og besluttet): Nå
Nora rips herself loose and says strongly and decidedly Now
tears forceful

skal du lese brevene dine, Torvald.
shall you read the letters (of) yours Torvald

TORVALD: Nei, nei, ikke i natt. Jeg vil være hos deg,
Torvald No no not in night I want to be with you
to-

min elskede kone.
my beloved wife

NORA: Med dødstanken på din venn -?
Nora With death stench on your friend -?

TORVALD: Du har rett. Det er best at vi går hver til
Torvald You have right That is best that we go each to
are

vårt.
ours
{our own room}

NORA (om hans hals): Torvald, - god natt! God natt!
Nora about his throat Torvald - Good night Good night

TORVALD (kysser henne på pannen): God natt, du min
Torvald kisses her on the forehead Good night you my

lille sangfugl. Sov godt, Nora. nå leser jeg brevene
little songbird Sleep good Nora now read I the letters

igjennom. (han går med pakken inn i sitt værelse og
through he goes with the pack inside in his room and
the stack

lukker døren etter seg.)
closes the door after himself

NORA (fortvilet:) Å, når det bare var over. - nå har
Nora despairingly Oh when it only were over - now has

han det; nå leser han det. Å nei, nei.
he it now reads he it Oh no no

(Hun vil styrte ut gjennem entréen; i det samme river
She wants to cast out through the hall in that same rips

Torvald sin dør opp og står der med et åpnet brev i
Torvald his door open and stands there with an opened letter in

hånden.)
the hand

TORVALD: Nora!
Torvald Nora

NORA (skriker høyt): Ah -!
Nora screaming high Ah -!

TORVALD: Hva er det? Vet du hva der står i dette
Torvald — What is that Know you what there stands in that

brevet?
~~the~~ letter

NORA: Ja, jeg vet det. La meg gå! Slipp meg ut!
Nora — Yes I know that Let me go Release me out

TORVALD (holder henne tilbake): Hvor vil du hen?
Torvald — holds her back Where want you to

NORA (prøver å rive seg løs): Du skal ikke redde meg,
Nora — try to rip/tear herself loose You shall not save me

Torvald!
Torvald

TORVALD (tumler tilbake): Sant! Er det sant hva han
Torvald — (s)tumbles back True Is it true what he

skriver? Forferdelig! Nei, nei; det er jo umulig at dette
writes Terrible No no that is well impossible that that

kan være sant. Hva er det du har gjort !
can be true What is that you have done !

NORA: Slipp meg ut. Du skal ikke ta det på deg for
Nora — Release me out You shall not take that on you for
— Let me go —

min skyld.
my guilt/sake

137

TORVALD: Ikke spill dum. (låser entrédøren av.) Her blir
Torvald — Not play stupid (locks the entrance door of) Here stay
      Don't

du og står til regnskap. Forstår du hva du har gjort?
you and stand to account Understand you what you have done

Nå har du ødelagt alt for meg. Nå kan han der
Now have you broken all for me Now can he there
                                                  that

ondskapsfulle Krogstad gjøre hva han vil med meg. Han
vicious Krogstad do what he wants with me He

kan utpresse meg og kreve alt mulig av meg — jeg tør
can blackmail me and demand all possible of me — I dare

ikke si et pip i mot. Forstår du hva du har gjort
not say a peep in towards Understand you what you have done
                against (him)

imot meg?
against me

NORA (med kold ro): Ja.
Nora with cold calm Yes

TORVALD: Dette er så utrolig at jeg ikke kan fastholde
Torvald That is so incredible that I not can grasp

det. Men vi må se å komme til rette. Ta sjalet av.
it But we may see to come to right Take the shawl off
                     solve it

Ta det av, sier jeg! Jeg må se å tilfredsstille ham på
Take that off say I I may see to satisfy him on

en eller annen måte. Saken må dysses ned for enhver
one or other way The case may be hushed down for any

pris. - Og vi må bare få det til å virke som om
price - And we may only get that for to seem as if

138

alt var som før mellom oss. Men barna får du
everything was as before between us But the children may you

ikke lov til å oppdra; dem tør jeg ikke betro deg
not permission for to raise them dare I not confide you

-. Å, å måtte si dette til henne som jeg har elsket så
-. Oh to must tell that to her who I have loved so
        have to

høyt, og som jeg ennå -! Heretter gjelder det bare å
high and who I still -! From now on applies that only to
much

redde restene, stumpene, skinnet. (det ringer på
save the remains the stumps the shine it rings at
                                    {the outside}

entréklokken.)
the hall clock
the hall bell

TORVALD (farer sammen): Hva er det? Så sent. Skulle
Torvald collapsed together What is that So late Should

det forferdeligste -! Skulle han -! Gjem deg, Nora! Si
the dreadfullest -! Should he -! Hide yourself Nora Say
    worst

du er syk.
you are sick

(Nora blir stående ubevegelig. Torvald går bort og
Nora remains standing motionless Torvald goes away and

åpner entrédøren.)
opens the entrance door

STUEPIKEN (halvt avkledd i entrédøren): Her kom et
The housemaid half undressed in the entrance door Here came a

brev til kona di.
letter to (the) wife (of) yours

139

TORVALD: Gi meg det. (griper brevet og lukker døren.)
Torvald / Give / me / that / grabs / the letter / and / closes / the door

Ja, det er fra ham. Du får det ikke; jeg vil selv lese
Yes / that / is / from / him / You / get / it / not / I / want / (my)self / read

det. Jeg tør nesten ikke. Kanskje er vi fortapt, både du
that / I / dare / almost / not / Maybe / are / we / perished / both / you

og jeg. Nei; jeg må vite det. (bryter brevet ilsomt;
and / I / No / I / may / know / it / breaks / the letter / hurriedly
will / opens

løper noen linjer igjennom; ser på et innlagt papir; et
runs / some / lines / through / sees / on / a / laid in / paper / a

gledesskrik:) Nora!
shout of joy / Nora

NORA (ser spørrende på ham).
Nora / looks / questioningly / at / him

TORVALD: Nora! - Nei; jeg må lese det en gang til. -
Torvald / Nora / - / No / I / may / read / it / a / time / to / -
another time

Jo, jo; så er det. Nora, jeg er reddet!
Yes / yes / so / is / it / Nora / I / am / saved

NORA: Og jeg?
Nora / And / I

TORVALD: Du også, naturligvis; vi er reddet begge to,
Torvald / You / also / naturally / we / are / saved / both / two

både du og jeg. Se her. Han sender deg gjeldsbeviset
both / you / and / I / See / here / He / send / you / the debt certificate

ditt tilbake. Han skriver at han angrer -; at et lykkelig
yours / back / He / writes / that / he / regrets / -; / that / a / happy

omslag i hans liv -; Å, det kan jo være det samme
turn in his life -; Oh that can well be that same

hva han skriver. Vi er reddet, Nora! (river beviset og
what he writes We are saved Nora rips the evidence and

begge brevene i stykker og kaster det hele inn i
both the letters in pieces and throws the whole inside in

ovnen og ser på det mens det brenner.) — Hva.
the oven and looks at it while it burns — What
the stove

Hvorfor har du et sånt stivnet uttrykk i ansiktet? (Nora
Wherefore have you a such stiff expression in the face Nora

går ut gjennom døren til høyre.) Nei, bli -. (ser inn.)
goes out through the door to (the) right No stay -. looks inside

Hva vil du der inne?
What want you there inside

NORA (innenfor): Kaste maskeradedrakten.
Nora before Cast (off) the masquerade dress
the masquerade

TORVALD (ved den åpne dør): Ja, gjør det; se å komme
Torvald by the open door Yes do that see to come

til ro og få samlet ditt sinn til likevekt igjen, du min
to rest and get collected your mind to same-weight again you my
balanced

lille forskremte sangfugl. Hvil du deg trygt ut; jeg har
little frightened songbird Rest you yourself safely out I have

brede vinger til å dekke deg med. (går omkring i
wide wings for to cover you with goes around in

nærheten av døren.) Å, for et lunt og deilig hjem,
the nearness of the door Oh for a sheltered and beautiful home

141

Nora. Her skal jeg holde deg som en jaget due, jeg har
Nora Here shall I hold you as a chased dove I have

fått reddet uskadd ut av haukens klør; jeg skal nok
gotten saved unharmed out of the hawks claws I shall enough
well

bringe ditt stakkars klappende hjerte til ro. Litt etter
bring your poor beating heart to calm Little after
by

litt vil det skje, Nora; tro du meg. I morgen vil alt
little will that happen Nora believe you me In morrow will all
To-

dette se helt annerledes ut for deg; snart vil all ting
that look wholly different out for you soon will every- thing

være akkurat som før. Engst deg ikke for noen ting,
be precisely as before Fear you not for some thing
just

Nora; bare støtt deg på meg - Hva er det? Ikke til
Nora only lean yourself on me - What is that Not to

sengs? Har du kledd deg om?
bed Have you dressed yourself around
⌞ changed clothing ⌟

NORA (i sin hverdagskjole): Ja, Torvald, nå har jeg
Nora in her everyday dress Yes Torvald now have I

kledd meg om.
dressed me about
⌞ changed my clothing ⌟

TORVALD: Men hvorfor, nå, så sent -?
Torvald But wherefore now so late -?

NORA: I natt sover jeg ikke.
Nora In night sleep I not
To-

TORVALD: Men, kjære Nora -
Torvald But dear Nora -

NORA (ser på klokken sin): Sett deg her, Torvald; vi to
Nora looks at the clock / her watch — See you here Torvald we two

har mye å snakke sammen om. (hun setter seg ved
have much to chat together about she sets herself by

den ene side av bordet.) Sett deg ned. Det blir
the one side of the table Set yourself down That becomes / will be

langt. Jeg har mye å snakke med deg om.
far / long I have much to chat with you about

TORVALD (setter seg ved bordet like overfor henne):
Torvald sets himself by the table same opposite her

Jeg forstår deg ikke, Nora.
I understand you not Nora

NORA: Nei, det er nettopp det. Du forstår meg ikke.
Nora No that is right-up / just that You understand me not

Du har aldri forstått meg. Torvald. Det er blitt gjort
You have never understood me Torvald That are / have become done

stor urett mot meg. Først av pappa og så av deg.
large wrongs towards me First of dad and so / then of you

TORVALD. Hva!
Torvald What

NORA. Ja! Da jeg var hjemme hos pappa, så fortalte
Nora Yes When I was home with dad so told

han meg alle sine meninger, og så mente jeg det samme
he me all his opinions and so believed I that same

som ham; og hvis jeg mente noe annet, så skjulte
as him and if I believed something else so hid

143

jeg det; for det ville han ikke ha likt. Han kalte meg
I that for that would he not have liked He called me

sitt dukkebarn, og han lekte med meg som jeg lekte
his doll-child and he played with me as I played

med mine dukker. Så gikk jeg fra pappas hender over i
with my dolls So went I from dad's hands over in

dine. Du innrettet all ting efter din smak, og så fikk
yours You furnished every thing after your taste and so got

jeg den samme smaken som du; eller jeg bare lot
I the same ~~the~~ taste as you or I only let (seem)

som; jeg vet ikke. Jeg har levd av å gjøre kunster for
as I know not I have lived of to do arts for

deg, Torvald. Men du ville jo ha det sånn. Du og
you Torvald But you wanted well to have it like that You and

pappa har gjort stor synd imot meg. Det er deres
dad have done (a) large sin against me That is their

skyld at der ikke er blitt noe av meg. Jeg har
guilt that there not is become something of me I have
fault has

vært din dukkehustru, akkurat som jeg var pappas
been your doll wife precisely like I was dad's
just

dukkebarn hjemme. Og barna, de har igjen vært mine
doll-child (at) home And the children they have again been my

dukker. Jeg syntes det var gøy når du tok og lekte med
dolls I thought that was fun when you took and played with

meg, på samme måte som de syntes det var gøy når
me at (the) same way as they thought that was fun when

jeg tok og lekte med dem. Det har vært vårt ekteskap,
I took and played with them That has been our marriage

144

Torvald. Men nå er jeg nødt til å oppdra meg selv og
Torvald But now am I need for to up-draw my- self and
               have   raise

finne ut hvem jeg er. Det kan ikke du hjelpe meg med.
find out Who I am That can not you help me with

Det må jeg være alene om. Og derfor reiser jeg nå
That must I be alone about And therefore travel I now
                           with

fra deg.
from you

TORVALD (springer opp): Hva var det du sa?
Torvald   jumps   up   What was that you said

NORA: Jeg elsker deg ikke mer.
Nora   I   love   you   not   (any)more

TORVALD (med tilkjempet fatning): Kan du fortelle meg
Torvald   with   fought for   understanding   Can you tell   me
                difficult

når det var du sluttet å elske meg?
when that was you ended to love me

NORA: Ja, det kan jeg godt. Det var i kveld da det
Nora   Yes that can I   good   That was in evening when that
                  indeed   tonight

vidunderlige ikke kom; for da så jeg at du ikke var
wondrous   not came   for then saw I   that you not were

den mann jeg hadde tenkt meg.
the man I had thought myself

TORVALD: Forklar deg nøyere; jeg skjønner deg ikke.
Torvald   Explain yourself   closer   I understand you not
                      better

NORA: Jeg var så sikker på at når du fikk brevet fra
Nora I was so sure on that when you got the letter from

Krogstad at du ville si til han: Bare offentliggjør
Krogstad that you wanted to tell to him Only publish

hele saken. Og når det var skjedd, så tenkte jeg
whole the case And when that was happened so thought I
the whole affair   would have

så usvikelig sikkert at du ville ta på deg alt og si:
so unflagging sure that you would take on yourself all and say

«Jeg er den skyldige!»
i am the guilty (one)

TORVALD: Nora -! Jeg skulle gladelig arbeide netter og
Torvald Nora -! I should gladly work nights and

dager for deg, Nora. Men der er ingen som ofrer sin
days for you Nora But there is no one who sacrifices his

ære for den man elsker.
honor for that one loves
             the one

NORA: Det har hundre tusen kvinner gjort.
Nora That have (a) hundred thousand women done

TORVALD: Å, du både tenker og du snakker som en naiv
Torvald Oh you both think and you speak as a naive

unge.
young (woman)

NORA: La gå. Men du hverken tenker eller snakker som
Nora Let go But you neither think or speak as

den mann jeg vil ha. Da din forskrekkelse var over,
the man I want to have When your consternation was over

146

- ikke for hva som truet meg, men for hva du
- not for what which threatened me but for what you
          that

selv var utsatt for, og da hele faren var forbi, -
(your)self were exposed for and when whole the danger was past -
                          the whole danger   over

da var det for deg som om ingen ting hadde skjedd.
then was that for you who about no- thing had happened

Jeg var akkurat som før din lille sangfugl, din dukke,
I was precisely as before your little songbird your doll
        just

som du heretter skulle bære dobbelt varlig på
who you from now on should bear doubly circumspectly on

hendene, siden den var så skjør og skrøpelig. (reiser
the hands since it was so fragile and frail rises

seg.) Torvald, - i den stund gikk det opp for meg at
herself Torvald - in that moment went that up for me that
                       dawned   on

jeg i åtte år hadde bodd her sammen med en
I in eight years had lived here together with a

fremmed mann, og at jeg hadde fått tre barn -. Å
strange man and that I had gotten three children -. Oh

jeg orker ikke å tenke på det! Jeg kunne rive meg
I can bear not to think on that I could tear up my-

selv i stumper og stykker.
self in stumps and pieces

TORVALD (tungt): Jeg ser det; jeg ser det. Der er
Torvald *heavy* *I* *see* *that* *I* *see* *that* *There* *is*

jammen kommet en avgrunn imellom oss. - Å, men, Nora,
yes-but *come* *an* *abyss* *between* *us* - *Oh* *but* *Nora*
indeed

Kan jeg aldri bli mer enn en fremmed for deg?
Can *I* *never* *become* *more* *than* *a* *stranger* *for* *you*

NORA (tar sin vadsekk): Akk, Torvald, da måtte det
Nora *takes* *her* *bag* *Alas* *Torvald* *then* *must* *the*

vidunderligste skje. -
most wonderful *happen* -

TORVALD: Fortell meg hva dette vidunderligste er!
Torvald *Tell* *me* *what* *that* *most wonderful* *is*

NORA: Da måtte både du og jeg forvandle oss sånn at
Nora *Then* *must* *both* *you* *and* *I* *transform* *us* *such* *that*

-. Å, Torvald, jeg tror ikke lenger på noe
-. *Oh* *Torvald* *I* *believe* *not* *(any) longer* *on* *something*

vidunderlig.
wonderful

TORVALD: Men jeg vil tro på det. Fortell det!
Torvald *But* *I* *want* *to believe* *on* *that* *Tell* *it*
in

Forvandle oss sånn at -?
Transform *us* *like* *that* -?

148

NORA: At samliv mellom oss to kunne bli et
Nora   That cohabitation between us two could become a

ekteskap. Farvel.
marriage   Farewell

(hun går ut gjennem entréen.)
she goes out through the hall

TORVALD (synker ned på en stol ved døren og slår
Torvald   drops down on a chair by the door and strikes

hendene for ansiktet): Nora! Nora! (ser seg om og
the hands for the face Nora Nora see himself about and

reiser seg.) Tomt. Hun er her ikke mer. (et håp
rises himself Empty She is here not (any)more a hope

skyter opp i ham.) Det vidunderligste -?!
shoots up in him That most wonderful -?!

(nedenfra høres drønnet av en port som slås i lås.)
below sounds the bang of a door which slams in (the) lock

Made in the USA
Las Vegas, NV
30 November 2021